Tee! Tee! Tee!

ANNA BURGHARDT

Tee! Tee! Tee!

Bubbles, Cocktails, Accessoires – ein altes Getränk erfindet sich neu

Mit Illustrationen von Monica Gross Meinhart

Metroverlag

Sollte das Kaffee sein, bringen Sie mir bitte Tee.
Sollte das Tee sein, bringen Sie mir bitte Kaffee.
Abraham Lincoln

Shocking, isn't it?!

Vorwort

Ein Teebuch für Kaffeetrinker. Ein Teebuch, das unterhält. Ein Teebuch, in dem das Wort Antioxidantien nur genau hier und nur einmal vorkommt. Das schwebte der Autorin und dem Verlag vor. Anders als in anderen Büchern über Tee geht es hier nicht um fernöstliche Legenden und Gesundheitstipps*. Sie werden auch keine Fotos von ausgeklügelt gestapelten Vintagetassen und hübschen indischen Teepflückerinnen im Abendrot sehen, sondern hintergründige Illustrationen von Monica Gross Meinhart, die nicht zuletzt durch die Arbeit an diesem Buch zur passionierten Teetrinkerin geworden ist. Das eine oder andere Klugscheißerkapitel fehlt trotzdem nicht, koreanische Emoticons, deren Bedeutung zu googeln sich lohnt, weisen hinein und wieder hinaus.

„Tee ist so gesund“, „Tee enthält so viele Polyphenole“, „schon die alten Chinesen tranken Tee“ – die ewige Leier, wenn sich jemand einmal erbarmt und über Tee schreibt. Eingeschlafene Füße prickeln mehr. Dass Tee ein ungemein interessantes und vielfältiges Genussgetränk und mittlerweile ein beachtenswertes Lifestylephänomen ist, wird ausgeklammert. Bei allem Respekt: Wer bitte trinkt deshalb Tee, weil ihn schon die alten Chinesen getrunken haben? Wen interessiert der ehrenwerte Kaiser Shen-Nung, der träge unter einem Baum lag und dem es ein Teeblatt in seine Tasse mit heißem Wasser wehte, woraufhin er sich augenblicklich frisch und munter fühlte – wo man doch viel lieber wissen möchte, wo es Tanz-Teepartys oder schicken Afternoon Tea gibt, wie man Matcha-Eis macht und was man tun und haben muss, um der perfekte Tee-Nerd zu werden.

*Warnung an Teedogmatiker: Dieses Buch erhöht Ihr Herzinfarktrisiko.

Welcher Teetrinkertyp sind Sie?

Ein todseriöser Test

1. Es ist Juni, 15 Uhr. Sie haben die Wahl zwischen Eistee Strawberry-Peach-Lime und Ostfriesentee.

A Sie stöhnen und sagen: Kein Caffè Latte??
C Sie fragen: Mit Kluntje?
B Sie lutschen alle Eiswürfel lasziv ab.

2. Eine Freundin schenkt Ihnen eine kleine Metalldose und einen kleinen Schneebesen aus etwas, das aussieht wie Holz, und sagt: Rate.

C Sie sagen: Ich hoffe, du hast ihn gekühlt gelagert.
A Sie sagen: Ein Rasierpinsel? Das wäre doch nicht nötig gewesen, du weißt, ich epiliere!
B Sie erinnern sich dunkel, so etwas schon einmal gesehen zu haben.

3. Sie kümmern sich um Ihre kranke Schwester in deren Wohnung. Diese sagt, oh bitte, mach mir einen grünen Tee. Was tun Sie?

A Sie füllen lauwarmes Wasser aus der Leitung in eine Jumbotasse, finden einen Pfefferminzbeutel und hängen ihn hinein.

B Sie füllen drei gehäufte Esslöffel Grüntee in eine Tasse mit Sieb und gießen mit kochendem Wasser auf.

C Sie messen die richtige Menge mit dem Löffel ab, geben den Tee in eine kleine Kanne mit Sieb und gießen erst auf, nachdem das Wasser auf etwa 80 Grad abgekühlt ist.

Machen Sie nun die Auswertung:
A = 1 Punkt
B = 2 Punkte
C = 3 Punkte

3 BIS 4 PUNKTE: Sie sind ein hoffnungsloser Fall. Dieses Buch war wohl das einzige deutschsprachige auf dem Flohmarkt in Antalya an diesem verregneten Ferientag. Hoffentlich scheint morgen wieder die Sonne! Schönen Urlaub noch!
5 BIS 7 PUNKTE: Sie wissen zumindest, dass Hagebuttentee ausflockt, wenn man Milch dazugibt. Vielleicht versuchen Sie es einmal mit einem Bubble Tea? Könnte Ihnen gefallen.
8 BIS 9 PUNKTE: Sie trinken wohl nicht nur im Advent Tee. Bevorzugen Sie Bailin Gongfu oder Zhu Rong Yunnan Black?

Der alte Chinese und sein ödes Teeblatt

Tee in den Medien

Gibt es die *Goldene Himbeere* eigentlich auch für Texte? Dann wären Ergüsse über Tee ein heißer Tipp für die Jury. Autoren beginnen in den meisten Fällen etwa so: „Tee liegt im Trend." Um dann – wir können uns vor Spannung kaum mehr aufrecht halten – fortzufahren: „Tee ist aber nicht nur schmackhaft, er ist auch sehr gesund." Gnade! Auch schön die Überschrift aus einer Apotheken-Zeitschrift: „So gesund ist grüner Tee". Untertitel: „Das Getränk aus dem fernen Asien findet auch bei uns zahlreiche Liebhaber." Texteinstieg: „Vor mehr als 4000 Jahren soll der chinesische Kaiser Shen-Nung einer Legende nach ..." Erschienen im Jahr 2010. In diesen fernen Urzeiten konnte die gemeine Masse ja wirklich noch nicht wissen, dass es grünen Tee auch in Europa gibt. Und wenn man als Apotheken-Zeitschrift-Redakteurin schon einmal diesen Wissensvorsprung hat, muss man diesen den Lesern doch wirklich mitteilen. Ist journalistische Ehrensache! Schon gut.

Für die Medien sind der Gesundheitsaspekt und die Legenden um die Entdeckung des Tees einfach die bequemere Variante (neben dem Kaiser mit seiner Tasse Wasser gibt es übrigens auch noch den Mönch mit seinem Augenlid, Näheres teilt Ihnen gern Ihre Apotheken-Zeitschrift mit). Während man, um die Geschmacksvielfalt wiedergeben oder über Anbaugebiete, Produktionsweisen oder auch die zeitgenössische Trinkkultur schreiben zu können, wohl oder übel ein wenig recherchieren müsste, reicht es für das öde Gesund-Blabla, kurz in Wikipedia nachzusehen

und die wichtigsten Inhaltsstoffe wiederzukäuen. Die Gesundheitsleier ist übrigens ein deutsches Phänomen, hört man von Tee-Experten, die auch internationale Medien zum Thema auf dem Radar haben. In Frankreich, dem europäischen Tee-Eldorado, zum Beispiel stehen ihnen zufolge weniger irgendwelche „Halt mich jung!"-Inhaltsstoffe im Fokus der Schreibenden als vielmehr der Geschmack, der Genuss. Was freilich die sonst so geschmackssicheren Franzosen geritten hat, als sie vor einigen Jahren wie wild Pu Erh tranken, konnte bis dato selbst von renommierten Soziologen nicht restlos geklärt werden. Falls Sie Pu Erh nicht kennen: Das ist jener Tee, der entweder nach krankem Hund, nach Shrimpskeksen oder nach Pferdedarm schmeckt und der es vor einiger Zeit dank diversen Gesundheitskampagnen zu Aufmerksamkeit gebracht hat. Man versuchte, ihm zahlreiche Wirkungen zuzuschreiben, mitunter in dieser Babel-Fish-Seriositätskategorie: „PuErh Tee Dicke, süße schlüpfen, weich, in den Magen zu eine Membran befestigt an der Körperoberfläche des Magens, trinken produzieren den Magen Schutzschicht, langfristige PuErh Tee trinken können den Magen schützen. Dies ist der Hauptgrund, warum Verbraucher Titel PuErh Tee als Langlebigkeit Tee."

Das kugelbunte Trendgetränk

Bubble Tea

Kinderspielplatz im Mund

Schwupp, Schlurp, Dddschullb – wie soll man es bloß nennen, das Geräusch, das die Tapiokaperlen im Bubble Tea beim zögerlichen Hinaufflutschen durch den dicken Halm erzeugen? Ob beim Erstellen des Strohhalmdurchmessers wohl auch Sounddesigner beteiligt waren? Schließlich darf der Widerstand weder zu gering noch zu groß sein. In ersterem Fall wäre das Schlürfen auch zu unbefriedigend, man möchte ja ein bisschen was tun müssen, wenn man schon so einen herrlich infantilen Becher in der Hand hält. Wenn schon, dann bitte gleich den vollen Kinderspielplatz im Mund. Sprich: Strohhalm auf Perle platzieren, ansaugen, zuhören, Schlurp, Dddschullb, da ist die Tapiokaperle auch schon im Mund. Und die nächste. Und die nächste. Und die nächste. Der Spaß reicht aus für eine längere Fahrt mit dem Bus oder für einen langen Pflichtanruf bei der Schwiegermutter. „Und wie geht's deinem Ischias?" – schlurp – dich krieg ich auch noch, du störrische Perle – „ja, wir haben heute das Bettzeug gelüftet" – ddschulllb, jetzt drei Kugeln auf einmal – „vielleicht kommen wir nächstes Wochenende, vielleicht" ...

Schlürft man Bubble Tea in öffentlichen Verkehrsmitteln, sollte man gegen Ende des Schlürfvergnügens vorsichtig sein: Das röhrende Saugen mit dem Halm am fast leeren Becherboden, wenn mehr Luft als Flüssigkeit eingesaugt wird, hat man uns schon als Kindern abzugewöhnen versucht.

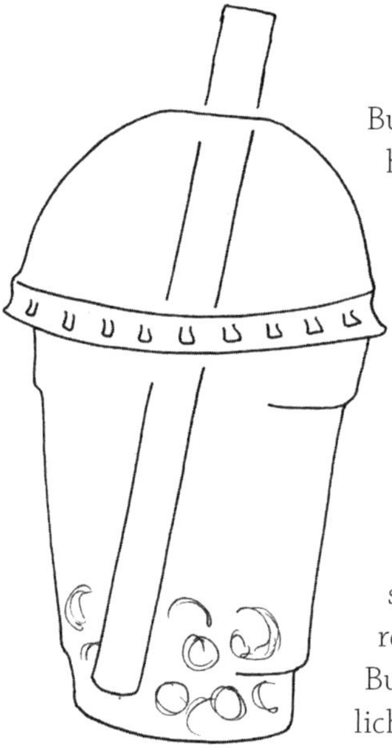

Bubble-Tea-Trinker sind nicht unbedingt höflich. Entweder sind sie 13 Jahre alt und tragen ihre Haare quer über Stirn und Augen gekämmt und dort sturmsicher unter Zuhilfenahme großer Kopfhörer befestigt – egal welches Geschlecht. Dann erklärt sich das mit der Nicht-unbedingt-Höflichkeit von selbst. Oder es sind junge Frauen, eigentlich von recht appetitlichen Umgangsformen, aber dennoch nicht wirklich ansprechbar, weil sie nämlich gerade ein Rendezvous mit ihrem Becher haben: Sie wollen heute a) die Bubbles einzeln hinaufschlürfen, b) möglichst viele im Strohhalm stapeln und dennoch alle auf einmal in den Mund saugen oder c) heute besonders genau hinschmecken, weil sie gelesen haben, dass der verwendete Tee von hoher Qualität sein soll (Vertreterinnen dieser Kategorie sind vermutlich noch am höflichsten). Oder es handelt sich um die Mütter der jungen Frauen, die sich das moderne Bu-Bell-Zeug einmal ansehen wollen – in diesem Fall sind sie damit beschäftigt, sorgfältig an den Bubbles vorbeizuschlürfen, denn diese Gummimurmeln sind ja wohl nur Dekoration. (Vielleicht könnte man auch Großmütter zum Bubble-Tea-Trinken überreden. Man müsste ihnen dafür nur Bubble Tea in „Blasentee“ übersetzen, wie es Wikipedia tut.)

(-.-) *Was ist Bubble Tea überhaupt? Ein Klugscheißerkapitel*

Bubble Tea ist jedenfalls das Feindbild jedes kreuzdogmatischen Teebesserwissers (was ihn schon einmal sympathisch macht). Da trägt doch tatsächlich ein Getränk das Wort Tee im Namen, bei dem man nicht einmal über die richtige Aufgusstemperatur und die Fermentierungsmethode klugscheißen kann. Frechheit!

Der Klassiker unter den Bubble Teas ist Schwarztee mit Creamer, Zucker und Tapiokaperlen. Neben diesen Stärkekugeln, die an großformatigen Kaviar erinnern und außer nach süß nach fast nichts schmecken, kann man (meist gegen Aufpreis) auch sogenannte Popping Bobas oder Juicy Pearls zu seinem Tee bestellen: Sie bestehen aus Fruchtsaft, der von einer Geleehülle so lange zurückgehalten wird, bis man sie im Mund zerbeißt oder zerdrückt. Wer hier Ferran Adriàs Erbe wähnt, liegt richtig: Die

Technik zur Herstellung der Popping Bobas kommt aus der Molekularküche. Und nur nebenbei: Wer sich in unseren Gefilden schon für besonders wagemutig hält, wenn er Popping Boba bestellt, würde in Malaysia und im Mutterland Taiwan nur ein krummes Lächeln ernten. Dort ist man in Sachen Schrägheit viel weiter. Mit Grass Jelly, das richtig algig schmeckt, etwa. Und der Bestellvorgang ist in Taiwan schon so elaboriert, dass man den individuellen Zuckeranteil für seinen Becher in Prozent angeben kann, ebenso den Eis- oder den Flavouranteil.

Als Getränkebasis für Bubble Tea wurde Tee mittlerweile zu einem Teil schon verdrängt, der Name Bubble Tea wird sich wohl dennoch halten. Auch Joghurt- und Milchgetränke, solche mit Fruchtsirup und sogar Kaffee dürfen sich so nennen, natürlich nur, wenn sie „Bubbles“ enthalten. Für die sogenannten Smooteas verwendet man statt Sirup Jam mit Fruchtstücken (die öden Wörter Marmelade oder Konfitüre zu verwenden, ist für die trendigen Bubble-Tea-Macher natürlich unangebracht).

Seine Wurzeln hat der Bubble Tea im Taiwan der 80er-Jahre, wo er meist von Straßenhändlern vertrieben wurde. Das Bubble im Namen weist ursprünglich gar nicht auf die Tapiokaperlen hin, sondern auf den Schaum auf der Oberfläche des chinesischen Schaumtees. Irgendwann wurde dann eine klassische Zutat der südostasiatischen Dessertküche dazugefügt: gefärbte Stärkekügelchen (Tapioka ist Stärke aus der Maniokwurzel) mit der zähen Gelee-Konsistenz von Gummibärchen. Der Name Bubble Tea blieb weiterhin, obwohl man korrekterweise eigentlich Perlentee sagen müsste, wie es in China heißt.

In den 90er-Jahren kam das Spaßgetränk in die USA und wurde zunächst in Kalifornien zu einem Hit, von dort aus breitete es sich auch in andere Bundesstaaten aus, meist fungierte es als Add-on in Nudellokalen der US-Chinatowns. Weiters sind besonders Australien und Malaysia infiziert. Erst relativ spät erreichte der Bubble-Tea-Hype Europa, etwa Deutschland und Österreich. Hier sind die Ketten *boboq* (eröffnete 2010 in Deutschland die erste Filiale in Berlin, nur eineinhalb Jahre später waren es allein in Berlin 13! Tendenz weiter stark steigend) und *tea-licious* (Österreich, ebenfalls seit 2010, auch diese Kette expandiert sehr rasch) führend.

Auch ein DEHP-Skandal – der fruchtbarkeitsschädigende Weichmacher wurde 2011 in Erdbeersirup für Bubble Tea aus taiwanesischer Produktion gefunden – konnte dem Aufstieg des beliebten Perlentees nicht weiter Schaden zufügen. Die jüngsten Warnungen, dass Kleinkinder die Tapiokaperlen verschlucken könnten oder der viele Zucker schädlich sei, hinderten die Bubble-Tea-Ketten bis jetzt nicht an weiterer Expansion. Für diejenigen, die auf PR-Sprache stehen, gilt also: „Sexy Fun-Drink erobert die Welt."

Die Qualität des Basistees ist angeblich übrigens keinesfalls so junkfoodartig, wie man das von einem derartigen Spaßgetränk erwarten könnte. Den Tee der österreichischen Bubble-Tea-Kette tea-licious etwa liefern *Demmers Teehaus* und der Grünteeimporteur *Aiya*, der seit 1978 biologisch arbeitet. Mit seinen Matcha-Steinmühlen mahlt Aiya in Japan mittlerweile auch Rooibos, Darjeeling und Assam sowie Earl Grey. Diese hochwertigen Teepulver werden, nebenbei gesagt, auch von Chocolatiers verwendet (siehe Kapitel *»Earl-Grey-Pralinen oder Hot Chocolate Chai«*). Wer sich also in Brüssel auf der Place de grand sablon eine sündteure Earl-Grey-Praline auf der Zunge zergehen lässt, hat es vermutlich mit demselben Pulver zu tun wie im Fall des Tea-licious-Bubble-Teas.

In der Kommunikation mit den jungen Kunden setzen die Bubble-Tea-Geschäftsleute in ihrer Werbung auf jugendliche Testimonials, die mit Namen und ihrem Lieblingsgetränk abgebildet werden, und sind natürlich auf Facebook sehr stark vernetzt. Und sie behaupten keck, dass Bubble Tea schön macht. Weil er ein Lächeln ins Gesicht zaubert. Nette Idee.

Bedient wird man in den meist sehr bunten Bubble-Tea-Lokalen übrigens auffallend oft von jungen Baristas mit südostasiatischem Äußeren, was die Betreiber der Lokale allerdings nicht offen als Taktik zugeben. Reiner Zufall sei das, dass sich so viele Asiatischstämmige bewerben. Kann man glauben, muss man nicht. \(^_^)/

Angewandte Mathematik: Das Bestellen

Der Bestellvorgang ist bei Bubble Tea ähnlich komplex wie bei Caffè-Latte-Ketten, die Körperhaltung der Kunden dementsprechend: Sie legen minutenlang den Kopf in den Nacken, starren mit offenem Mund auf die Tafel, lesen von links nach rechts und wieder retour, fragen die Freundin, „was nimmst du?“, die sagt, „ich bin überfordert“, sie zeigen Richtung Tafel, beschreiben mit den Fingern die vielen Möglichkeiten – und halten jedenfalls alles auf.

Jeder hält alles auf, wenn er Bubble Tea bestellt. Ist so. Die Erfinder des Bubble Teas waren ziemlich sicher mit irgendwelchen Mathematikern verwandt und hatten einen Mordsspaß dabei, sich Kombinationsmöglichkeiten auszudenken: verschiedene Größen (klein gibt es naturgemäß nicht, es beginnt bei Supergrande oder so ähnlich), verschiedene Toppings wie Rainbow Jelly (die dann freilich den Becher nicht toppen, sondern auf dessen

Boden absinken), verschiedene Grundgetränke zur Auswahl – selbstverständlich alle auf Englisch angeschrieben –, etwa Hibiscus Oolong, Jasmintea with milk, Rooibos with Vanilla Syrup, Red Guava Milk, weiters wählen wir zwischen kalt oder warm, Sojamilch, Kuhmilch oder Creamer, mit Zucker oder ohne ...

Neben diesen Entscheidungen kann man sich dann auch noch die Frage stellen: Trinkt oder isst man Bubble Tea eigentlich? Denn schließlich hat Bubble Tea etwas von einer Bowle. Oder einer Nudelsuppe. Manchmal ersetzt ein Bubble Tea jedenfalls richtiggehend eine Mahlzeit, so sättigend ist die Einlage.

Alkohol durch den Strohhalm: Die Folgen sind bekannt

Auch in Bars hat der Bubble Tea mittlerweile Einzug gehalten. In Berlin gesichtet wurden etwa der Cocktail „Dr Jekyll and Mr Hyde“ mit Wodka, Milch, Kahlua und Bubbles, die in Kahlua mariniert wurden, oder „Hans and Gloria“ mit Rum, Minze und Limettenbubbles. Bedenken muss man allerdings, wovor alle Trinkerprobten warnen: Wer Alkohol durch einen Strohhalm trinkt, ist schneller betrunken. Und der Strohhalm ist im Fall des Bubble Teas extrabreit.

Die renommierte Shochubar, ebenfalls in Berlin, hat dem Bubble Tea gar eine eigene Karte gewidmet, auf der sich unter anderem Kreationen finden wie „bubble me up“ mit Gurke, Orange, Ananas und Ingwer oder „bubble t“ mit Mandel, Minze, Birne und Cranberry. Und man kann sicher sein, dass hier keine fertigen Bubble-Tea-Mischungen verwendet werden.

Wenn man es aus der Warte eines dogmatischen Teetrinkers genau betrachtet (was sich im Falle des Bubble Teas aber selten empfiehlt), sind Bubble-Tea-Cocktails ein billiger Gag. Man braucht nur Tapiokaperlen in einen Drink plumpsen zu lassen, einen überdimensionierten Strohhalm dazuzustecken, und fertig ist das Überdrüber-Trendgetränk. Das dann mit Tee im Grunde so viel zu tun hat wie ein Long Island Iced Tea. Aber was wäre ein Sommer ohne neuen Cocktailhype!

Grüner wird's nicht

Matcha

Magazine wie die Vogue stellen jede Saison dieselbe rhetorische Frage. Nämlich „Wird X das neue Y?" (Y ist übrigens immer Schwarz, X ist nach Belieben zu ersetzen durch Neongelb, Rostbraun oder sonst eine unkleidsame Farbe, die uns die Modehäuser in dieser Saison eben verkaufen wollen). Die daneben abgedruckten Outfits ganz in X liefern stets auch gleich die Antwort: Nein. Nie. Während man von Kopf bis Fuß schwarz gekleidet zumindest immer darauf bauen kann, dass einen schon irgendjemand für einen schöngeistigen, kulturinteressierten oder sonst wie tollen Menschen halten wird, wirkt man ganz in X gekleidet auf Mitmenschen immer etwas, nun ja, seltsam. X von Kopf bis Fuß tragen nur jene älteren, leicht verwirrten Damen, die auf der Straße jeden anlächeln, früher einmal irgendwas ganz tolles Künstlerisch-Alternatives gemacht haben, jetzt aber den Faden zum Normalsein verloren haben und gern mit dem übelgelaunten Buschauffeur über den Flieder reden wollen, der früher blüht als sonst.

Aber zurück zum Tee. Die Frage „Wird X das neue Y?" wird auch in teenahen Blogs in letzter Zeit gern gestellt, freilich etwas anders: „Wird Matcha der neue Espresso?" Schließlich wirken beide sehr unmittelbar anregend. Und ähnlich wie bei Rostbraun und Neongelb lautet die Antwort für die breite Masse derzeit: Nein. Mit einem nachgestellten „leider". Dazu ist Tee generell noch zu sehr Nischenthema. Aber Matcha ist groß im Kommen. War das Grünteepulver in den letzten Jahren schon ziemlich umtriebig, hat es seinen Zenit noch lange nicht erreicht; möglich ist hierzulande noch sehr viel. Zum Einstieg eignen sich vor allem die diversen konsumentenfreundlichen Matcha-Produkte wie Matcha Latte, Matcha-Eis oder Matcha-Cheesecake, bevor man zur puren Variante übergeht. Und Matcha-Produzenten wie Aiya können auf eines bauen: Wer sich einmal mit Matcha angefreundet hat, bleibt wohl für immer süchtig.

Bevor wir nun aus lauter Matcha-was-bitte?-Verwirrtheit „unterwegs Leser verlieren", wie es in Schreibtrainingrhetorik so schon heißt, ein Klugscheißereinwurf zum Thema Matcha.

(-.-) *Was ist Matcha?*

Matcha ist jenes leuchtend grüne Teepulver, das mit dem seltsamen kleinen Bambusbesen in diesen dickwandigen, unregelmäßig glasierten Keramikschalen zum gleichnamigen Getränk aufgeschäumt wird. Anders gesagt, Matcha ist jener Tee, der für die traditionelle japanische Teezeremonie verwendet wird. Eine äußerst andächtige Angelegenheit, bei der jeder Handgriff eine Bedeutung hat. Das grüne Teepulver wird aber – und so wird sein anfangs mitunter gewöhnungsbedürftiger Geschmack zugänglicher – seit einigen Jahren vielem beigemischt: Eis, Schokolade, Marzipan, Nudeln, Kuchen, Keksen, Milchgetränken, Panna Cotta,... Matcha ist mittlerweile also nicht nur ein Getränk, sondern auch eine Kochzutat (ähnlich wie Kakao), siehe dazu auch die Matcha-Rezepte im Anhang. Und da das grüne Pulver einerseits in so einer Vielfalt auftritt und andererseits aufgrund seines nicht übergroßen Bekanntheitsgrads noch viel Potenzial hat, kann man Matcha wohl noch immer als einen der derzeit wichtigsten Teetrends bezeichnen.

MATCHA CHA CHA

Die Produktion des Teepulvers

Anders als bei Sencha, Assam oder jedem anderen Tee wird bei Matcha nicht die Infusion aus dem aufgegossenen Teeblatt getrunken, sondern das Teeblatt selbst: Matcha ist das in Steinmühlen gemahlene Blattfleisch des grünen *Tencha*-Tees. Um diesen herzustellen, wird die Teepflanze zwei bis vier Wochen vor der Ernte mit Netzen oder Ähnlichem beschattet. Dadurch, dass man der Pflanze 90 Prozent des Sonnenlichts nimmt, bildet sie Chlorophyll und Aminosäuren, die für den vielzitierten *Umami*-Geschmack verantwortlich sind, den man am besten als herz-

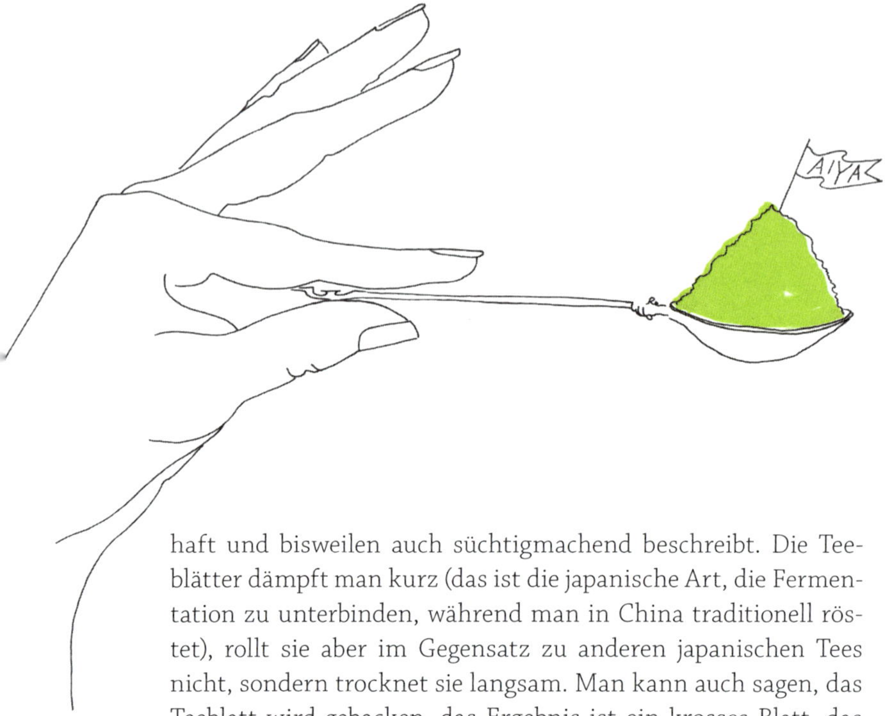

haft und bisweilen auch süchtigmachend beschreibt. Die Teeblätter dämpft man kurz (das ist die japanische Art, die Fermentation zu unterbinden, während man in China traditionell röstet), rollt sie aber im Gegensatz zu anderen japanischen Tees nicht, sondern trocknet sie langsam. Man kann auch sagen, das Teeblatt wird gebacken, das Ergebnis ist ein krosses Blatt, das gebrochen wird und dessen Stängel und Blattadern aussortiert werden. Das reine Blattfleisch ist also Tencha. Dieser Tencha wird von Firmen wie Aiya in Granitmühlen zu hochfeinem, leuchtend grünem Matcha-Pulver gemahlen, dessen Körnung auf der Zunge kaum noch spürbar ist. (Matcha-Pulver zu schreiben ist im Grunde unnötig, Matcha bedeutet einfach „gemahlener Tee".) Die Kühle des Granits verändert den Geschmack des feinen Blattes beim Mahlen nicht, daher setzt man noch immer auf diese anachronistisch wirkende Methode. Heute findet das Mahlen freilich in einem keimfreien Reinraum statt. Eine Mühle produziert in einer Stunde übrigens nur 30 bis 40 g Teepulver, das entspricht etwa dem Inhalt einer handelsüblichen Dose. So erklärt sich der Preis von Matcha. Aber auch durch die herausfordernde Produktion: Allein das Überschatten vor der Ernte ist nämlich eine eigene Wissenschaft. Gerade einmal 300 Tencha-Produzenten gibt es in ganz Japan! Und nur ein Dutzend Unternehmen wissen, wie man eigentlich Matcha macht. Ein kostbares Produkt also. Ein guter Tencha-Produzent sollte möglichst viel Sonnenlicht zurückhalten, um der Pflanze möglichst viele Inhaltsstoffe zu entlocken, muss aber gleichzeitig darauf achten, dass die Teepflanze lebensfähig bleibt. Neben diesem Gespür ist, wie bei allen Tees, auch die Lage wichtig. Das Zusammenspiel aus diesen beiden Aspekten macht die Qualität des Matcha, also des gemahlenen Tencha, schlussendlich aus. Matcha bekommt man in sechs Qualitäten: Zwei sind zum Kochen gedacht, sie kosten etwa 20 Euro für 100 g, vier sind Trinkqualitäten und kommen durchaus auf 50 Euro für eine Dose mit 30 g.

Die klassische Art, Matcha zu trinken

Für das Getränk Matcha wird nun eine Matcha-Schale, eine *chawan*, mit heißem Wasser vorgewärmt. Dann gibt man etwa 1 g Teepulver in die Schale (zwei gehäufte Bambuslöffel, *chashaku*), gießt 80 Grad heißes Wasser dazu (manche rühren das Pulver zuerst mit einer kleinen Menge kalten Wassers glatt) und schäumt die Flüssigkeit mit einem Bambusbesen, dem *chasen*, in kräftigen, schnellen W- oder M-Bewegungen auf, bis auf der Oberfläche ein feinporiger Schaum entstanden ist.

Weil man das gesamte Blatt trinkt (die Stängel und Rippen werden nicht mitvermahlen, sind aber für die begehrten Inhaltsstoffe ohnehin von geringerer Bedeutung), anstatt es nur aufzugießen und das Teeblatt wieder zu entfernen, kann man mehr

Inhaltsstoffe aufnehmen. Wasserlöslich sind nur zehn bis zwanzig Prozent der Wirkstoffe des Teeblatts, ob es nun oxidiert und zu schwarzem Tee wird oder nicht und zu grünem Tee wird. Wenn wir also Tee wie Sencha oder Darjeeling aufgießen, die Blätter wegwerfen und den Extrakt trinken, können wir nur einen Teil der Inhaltsstoffe aufnehmen. Eine Schale Matcha hat etwa dieselbe Menge an Inhaltsstoffen wie zwei Liter anderer grüner Tee!

Und auch das Koffein wirkt bei Matcha direkter und stärker als bei Teeinfusionen. Was uns zurückbringt zur Frage „Wird Matcha der neue Espresso?" \(^_^)/

Der Tee mit dem Kick: Matchaspresso

Matcha-Trinker schwärmen gern vom ganz besonderen Kick, von der Fähigkeit dieses grünen Tees, augenblicklich zu stimulieren und die Konzentrationsfähigkeit zu steigern. Und zwar auf eine besonders leichte Art und ohne Zitteranfälle und Schweißattacken als Folge, die manche von Espresso kennen. „Wie als ob tausend Schmetterlinge mich in die Höhe ziehen, bis ich knapp über dem Boden schwebe", beschreibt es eine Tee-Bloggerin. Ob Espressotrinker ähnlich poetische Worte finden? Falls nicht – auch Matcha-Trinker können derb sein: „Matcha ist grüner Tee auf Steroiden", schreibt jemand anderer. Die Suche nach dem Kick haben jedenfalls Matcha- und Espressotrinker gemein. Nur: Matcha-Trinker sind ärmer dran. Während ein passabler Espresso mittlerweile selbst in Tankstellen und Schnellimbissfilialen zum guten Ton gehört, werden die, die den Kick gern in grüner Form hätten, nicht fündig. Auf unseren Tankstellen muss man ja

sogar froh sein, keinen Pfefferminztee zu bekommen, wenn man einen grünen Tee bestellt. Auf japanischen Tankstellen ist das möglicherweise anders. In Japan ist nämlich Matcha Kaffee und Kakao quasi in Personalunion. Matcha hat für Japaner zwei Funktionen, erzählt Thomas Grömer, Geschäftsführer von Aiya

Europe: Er ersetzt einerseits den Kaffee, indem er aufputscht und man ihn pur, mit wenig oder viel Milch, mit oder ohne Schaum genießen kann. Er ersetzt aber auch Kakaopulver, das es in Japan traditionell nicht gibt. Man verwendet Matcha schließlich nicht nur für süße, tröstliche Milchgetränke, sondern, wie Kakao für Kuchen, auch beim Backen. Und sein Umami wirkt ähnlich wie die Endorphine, die man Kakao bzw. Schokolade zuschreibt.

In Matcha-Bars bekommt man dort den leuchtend grünen Tee entweder in der klassischen Variante, also in einer chawan aufgeschäumt, als Matcha Latte, Caramel Latte oder in anderen modischen Versionen, die wir vom Kaffee kennen. Die üblichen Kaffeevariationen gibt's in Japan also im wahrsten Sinn des Wortes in Grün.

Matcha mag in der puren Form unzugänglich scheinen, seine Zubereitung erschließt sich nicht sofort. Sie wirkt angesichts der speziellen Schale, des nötigen Bambusbesens und des strengen philosophischen Unterbaus der Teezeremonie kompliziert. Viele junge Menschen nehmen aber heute einfach einen handlichen batteriebetriebenen Cappuccino-Milchschäumer und eine Kaffeetasse für die Matcha-Zubereitung, so nimmt das Getränk nicht mehr Zeit und Nerven in Anspruch als ein Espresso oder ein anderer Tee. (Ob man Matcha wirklich aus einer Kaffeetasse trinken und das schön verhuschte Geräusch des Bambusbesens durch das Brrrr eines Milchschäumers ersetzen will, sollte man noch einmal überlegen. Aber möglich ist es natürlich.) Matcha aufzuschäumen dauert nicht länger, als einen anderen Tee ziehen zu lassen. Und er ist ebenso schnell getrunken wie ein Espresso, selbst wenn man es traditionell hält: Man stellt die Schale auf die linke Hand, greift sie mit der rechten und trinkt den

Inhalt mit dünner Schaumschicht (auch die hat Matcha mit Espresso gemein) in exakt dreieinhalb Schlucken. So will es die Tradition, und so will es der aus nichts als Zeitmangel bestehende Kicktrinker heute. Ein süßes Häppchen dazu schadet nicht – in der japanischen Teezeremonie sind kleine Süßigkeiten sogar ein fixer Bestandteil, sie sollen die leichte Bitterkeit des Matcha ausgleichen.

Wer sich für die strenge traditionelle Art des Matcha-Trinkens interessiert, kann sich entweder auf den Homepages renommierter Matcha-Händler oder auch auf Youtube umsehen – ja, wirklich! – oder darauf hoffen, dass ein Teehändler, ein japanisches Kulturinstitut oder die japanische Botschaft wieder einmal eine Zeremonie vor Publikum abhält. Etwas Zeit muss man hier freilich einplanen. Die Handgriffe dieser Choreografie erscheinen mitunter endlos langsam und redundant, die Atmosphäre ist sehr konzentriert und besinnlich.

Und bitte schalten Sie Ihr Handy ab. *Arigato.*

Tägliches Kannenbaden

oder Wie werde ich ein guter Tee-Nerd?

Manche Leute nennen sich auf selbstgehäkelten Blogs einen Teenazi und meinen damit, sie seien Freaks, die die Wasserhärte testen, bevor sie sich eine Tasse Tee machen, oder gar so arg toll, dass sie wie die tollsten Weinkenner Darjeeling nur aus Darjeelingtassen und Assam nur aus Assamtassen mit gefinkelt konstruiertem Rand trinken. Es gibt aber (abgesehen davon, dass das Wort Nazi zum Zweck des Selbstlobs nicht gerade das lieblichste und löblichste ist) weitaus Spannenderes oder Absurderes in Sachen Teebesessenheit.

In fünf Schritten zum Tee-Nerd. Eine kleine Anleitung

SCHRITT 1: Legen Sie sich einen *Vintage-Pu-Erh* zu, mindestens aus den Siebzigerjahren des vorigen Jahrhunderts, und schreiben Sie nach der angemessen andächtigen Verkostungszeremonie eine Online-Rezension. Scheuen Sie sich nicht, die Worte „kleines Vermögen" und „rostiges Abwaschwasser" in einem Satz zu verwenden. Die anderen Tee-Nerds werden Ihren Mut zur Aufrichtigkeit bewundern.

SCHRITT 2: Setzen Sie alles daran, stolzer Besitzer eines *Über Boilers* zu werden; die lang angestrebte Drei-Michelin-Stern-Tasse Tee wird Ihnen damit endlich gelingen. Ein Über Boiler ist ein Gerät, mit dem man aus exakten Mengen losen Tees mittels exakter Wassermengen in exakter Temperatur in exakter Zeit äu-

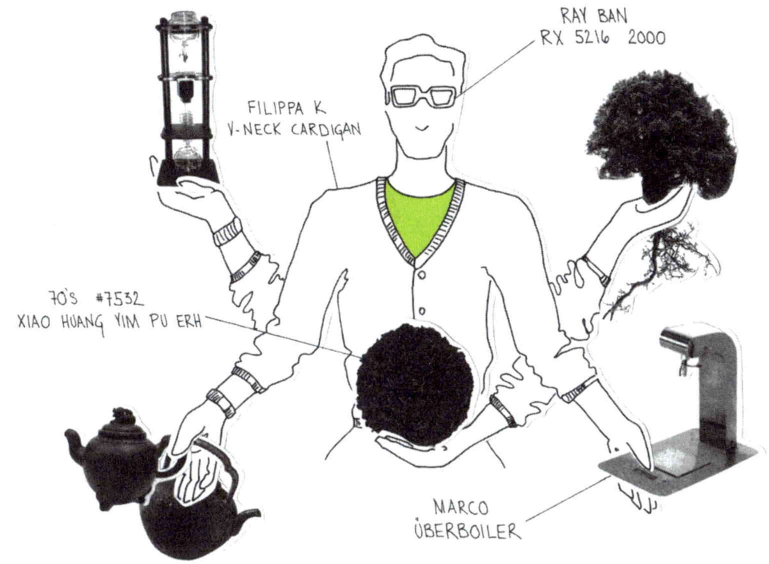

ßerst exakte Extrakte herstellen kann. Falls Sie sich nun fragen, ob so ein Überding wirklich notwendig ist – der Hersteller stellt sich dieselbe Frage. Und beantwortet sie gleich mit einem Satz, den jeder Nerd, egal welcher Ausrichtung, verstehen wird und sich sofort als Stickspruch an die Wand heften wird: „Well, there is always a need for nice things!" Wohlan denn. „Über Boiler" ist übrigens tatsächlich die englische Bezeichnung. Wir können das Ü aber besser aussprechen.

Posten Sie Ihre Erfolgserlebnisse mit dem Über Boiler gleich in Ihrem Teeforum. Oder, wenn Sie als neuer Fan dieses unverzichtbaren Geräts noch mehr Teeliebhabern etwas Gutes tun wollen, melden Sie sich bitte für die Ausbildung zum Über-Boiler-Vertreter in Ihrer örtlichen Volkshochschule an. Damit überextrahierte Tees aus lauwarmem Kaffeemaschinenwasser ein Ende haben. Ihr sauteurer Vintage-Pu-Erh wird damit aber vermutlich auch nicht besser (falls Sie das jetzt gehofft haben).

SCHRITT 3: Planen Sie Ihren nächsten Urlaub nach der Erntezeit des one and only 3000-jährigen Teebaums in China, Provinz Yunnan, 30 km von der Präfektur Lincang entfernt, links hinter dem Zaun. Endlich werden Sie dem Lieferanten Ihres Lieblingstees, von dem es nur einige zig Kilo pro Jahr gibt, von Angesicht zu Angesicht gegenüberstehen. Lassen Sie sich vom Teehändler Ihres Vertrauens vorab Fotos schicken, damit es bei der Begegnung mit Ihrem Helden zu keiner Verwechslung kommt. Nicht dass im letzten Moment noch etwas schiefgeht! Bitte vergessen Sie nicht, rechtzeitig den Flug zu buchen und für ein Mitbringsel zu sorgen. Ein bisschen Rückengymnastik jeden Tag in den Monaten vor der Reise erleichtert die tiefe Verbeugung vor diesem ältesten Teebaum der Welt. Dehnbare Hose nicht vergessen!

Falls Sie das alles für einen schlechten Scherz halten – ist es nicht. Manche uralten chinesischen Teebäume wie jener bei Lincang sind gewissermaßen Stars, die Besitzer werden rechtzeitig vor der Erntezeit sowohl von Händlern mit Angeboten überhäuft als auch von Pilgern aufgesucht. „Wir haben uns vor dem Baum versammelt und dankten allen Teebäumen der Welt", ist etwa in einem Teeforum im Internet zu lesen. Und einen Tee mitsamt dem Foto des dazugehörigen Teebaums zu bekommen, ist tatsächlich möglich, wenn man einen guten Teehändler lang genug bekniet.

SCHRITT 4: Verbannen Sie alle derzeit in Ihrem Besitz befindlichen Teekannen auf den nächsten Flohmarkt und decken Sie sich mit ausgesuchten *Yixing*-Kannen ein. Moment, falsch gedacht – das geht eigentlich nicht so. Die Kanne wird Sie finden. Sagt man.

(-.-) Ursprünglich stammen diese Kannen aus der Stadt Yixing, Provinz Jiangsu, und wurden aus Zisha-Tonerde in verschiedenen Farbnuancen gefertigt, von der es aber immer weniger gibt. In der Ming-Dynastie gab es eigene Zünfte für die Yixing-Kannen. Man brennt sie bei höherer Temperatur als andere Tonwaren. Je heller der Klang beim Daranklopfen, desto heißer wurde gebrannt, desto wertvoller ist die Kanne. Bei jenen, die hochwertige Exemplare herstellen, spricht man von Künstlern, manche sind Stars, versehen ihre Stücke mit Signaturen. Mittlerweile gibt es aber Yixing-Kannen aus Massenproduktion, die wenig mit dem ursprünglichen Begriff zu tun haben.

Yixing-Teekannen isolieren weitaus besser als andere Kannen, der Tee bleibt also länger heiß, dennoch verbrennt man sich nicht die Finger. Der Deckel einer handwerklich perfekten Yixing-Kanne rastet quasi wie eine Safetür ein; dreht man die Kanne um und hält den Ausguss und das kleine Loch im Deckel zu (hier würde man sich freilich sehr wohl den Finger verbrennen), rinnt trotzdem kein Wasser heraus, so genau ist der Deckel eingepasst. Natürlich ist bei einer hochwertigen Yixing-Kanne auch das Gießverhalten perfekt, ein dünner, regelmäßiger und exakt zu platzierender Strahl. Eine solche Kanne will gepflegt werden, zu hartes Wasser setzt ihr zu, man empfiehlt daher, einen Wasserfilter zu verwenden. Die Kannen sind ziemlich klein, könnte man als Laie einwenden. Das hat aber schon seine Richtigkeit, da der Tee, für den sich die Yixing-Kannen besonders eignen, oft großblättriger ist (Oolong etwa) und ohnehin mehrmals aufgegossen werden soll.

Pro Yixing-Kanne sollte man nur eine Sorte Tee verwenden, der Ton, schließlich ein offenporiges Material, nimmt nämlich mit der Zeit die Aromen an. Die Kanne setzt innen eine sortenreine Patina an (was bei Teefreaks angeblich zu Wettbewerben führt, wer die schönere Baozhong-Patina vorweisen kann und wessen Dong-Ding-Patina die charmantere ist). Ganz alte und gut präparierte Yixing-Kannen sollen übrigens das Aroma des Tees so sehr gespeichert haben, dass man gar keine Teeblätter mehr benötigt, um Tee zu bekommen – heißes Wasser genügt. Eigentlich die perfekte Reisekanne. \(^_^)/

Was ein guter Yixing-Kannen-Besitzer ist, schreitet die Reihen seiner Kannen täglich ab, fragt die Gefäße freundlich nach ihrem Befinden (schließlich ist jede eine kleine Persönlichkeit), badet sie regelmäßig im stets selben Tee und übergießt sie dabei immer und immer wieder. Auch Streicheln tut einer Partnerschaft bekanntlich gut, mit einem weiteren positiven Nebeneffekt: Die raue Kannenoberfläche wird mit der Zeit immer glatter (über die exakte Glätte der Kannenbesitzerhandflächen nach einer langen Streichelbeziehung liegen leider keine Daten vor). Besonders esoterische Tee-Nerds sprechen, wenn es um die Beziehung zwischen ihnen, der Kanne und dem jeweiligen Tee geht, gern von „eins werden“. Wirklich!

SCHRITT 5: Machen Sie sich auf die Suche nach einem *Cold Drip Teamaker*. Kalt extrahierter Tee hat viele Vorteile – abgesehen davon, dass man kein Wasser erhitzen muss und das Ganze theoretisch auch auf einer einsamen Insel ohne Strom funktioniert: Das Aroma wird eher herausgezogen statt herausgedrückt (im Englischen klingt es mit pulling vs. pushing eindrucksvoller), den Teeblättern werden weniger Koffein und weniger Catechine entzogen, was bedeutet, dass *cold brewed tea* deutlich weniger bitter wird. Im Gegenteil, ein weiches und süßliches

Aroma ist das Ergebnis. Vor allem grüne Tees und hier insbesondere Gyokuro profitieren von der Methode.

Selbst im Internet wird man nicht leicht fündig. Aber es zahlt sich aus, denn erstens ist das Ding „hot nerdy shit", wie es etwa der schon fertige Tee-Nerd und Teeunternehmer Georg Demmer nennt (und Sie wollen ja ein solcher werden, sonst würden Sie das alles schon nicht mehr lesen), und zweitens ist das Umami-Gefühl angeblich überwältigend.

Man kann cold brewed tea natürlich einfach im Kühlschrank zubereiten. Grünteeblätter in eine Flasche füllen, kaltes Wasser dazu, Kühlschranktür auf, Flasche hinein, Kühlschranktür zu, Stunden warten, Kühlschranktür auf und trinken. Aber Schritt 5 in unserem Programm sieht für Sie als Tee-Nerd-Azubi eben einmal vor, dass Sie sich einen Cold Drip Teamaker zulegen. Dieses Ding besteht aus einem leiterähnlichen Gestell und drei miteinander verbundenen gläsernen Gefäßen. In das oberste füllt man Wasser und Eiswürfel (je kälter, desto stärker später die Süße, zumindest posten das euphorische Tee-Expo-Besucher über *cold brewed Gyokuro* in Teeforen). Durch einen verstellbaren Hahn rinnt das Eiswasser ins mittlere Gefäß, in dem die Teeblätter warten. Als Tee-Nerd in spe haben Sie bestimmt bald herausgefunden, wie man den Hahn ideal einstellt (für den Anfang gilt: Je langsamer das Wasser auf die Teeblätter rinnt, desto besser das Ergebnis). Durch ein gläsernes Gewinde rinnt die aromatische Flüssigkeit schlussendlich langsam ins unterste Gefäß. Aber wie gesagt, die Kühlschranktür-auf-usw.-Methode funktioniert im Prinzip auch. (Das haben Sie jetzt überlesen, verstanden?)

Ihre neue Tea-Nerd-Plakette legen Sie am besten neben Ihren Vintage-Pu-Erh. Wegen dem Rost, Sie wissen schon.

Von der Wiege bis zum Gebiss im Glas

Ein Leben mit Tee

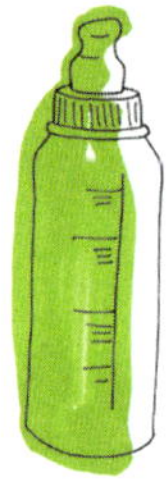

0 Jahre

Der Babytee ist so schön warm. Dass Rooibostee und Lavendelblüten da drin sind, kann ich noch nicht wissen. Auch nicht, dass der Lavendel mich zum Schlafen bringen soll. Die haarige Nase von der komischen alten Frau, die da vor meinem Kinderwagen Duziduzidu macht, ist viel interessanter.

5 Jahre

Immer muss ich den Papa fragen, wenn ich einen Eistee will! Immer!!! Die blöde Mama kauft mir nie einen! Sie sagt, das ist nichts für Kinder, da ist zu viel Zucker drin und du kannst dann nicht schlafen und so weiter. Ich will aber eh nicht schlafen! Der Papa ist nicht so blöd wie die Mama.

10 Jahre

Die Oma sagt, ich muss gut aufpassen, die Tasse ist noch vom Opa. Die Milch und den Zucker will ich selber reintun, Oma! Warum ist der Zucker so braun? Ich kenn nur den weißen. Was? Kandis? Komisches Wort. Kenn ich nicht.

15 Jahre

Hej, Alter, dräng dich nicht vor! Was nimmst du heute, Isabel? Ich glaub, ich nehm einen Bubble Mango Grande. Obwohl, hab ich den nicht erst gestern gehabt? Vielleicht nehm ich doch den ... Verdammt, ich hab ja kein Geld mehr!! Kannst du mir was borgen?

20 Jahre

Und das soll der neue Hype sein? Grüne Sojamilch? Uh, aber gut, wenn Marc das trinkt, muss ich's eben auch versuchen. Matcha-Marc, sagt er, haha. O Gott, vielleicht ist er doch nicht so lustig, wie ich gedacht hab. Aber er studiert Japanologie, so cool!!

25 Jahre

Kennst du die Marke? Die haben so witzige Namen, die Tees! Und bio sind sie auch noch. Ich mag am liebsten den mit Karamellstückchen und Vanille. Kommt die Kathi dann bald, wir müssen doch was wegen dem Hostel in London besprechen. Schenkst du mir noch vom Cosy Caramel nach?

30 Jahre

Wenn du mich nicht mitgenommen hättest, ich hätte nie gewusst, dass es so was bei uns gibt! Aber gibt's einen Unterschied zwischen der japanischen und der chinesischen Zeremonie? Echt interessant. Muss mir am Montag gleich so eine kleine Tonkanne kaufen.

35 Jahre

Liebe Teefreunde, hab grad die neuen Postings gelesen und muss sagen, ich bin echt froh, dass es Facebook gibt. Stefan, was kostet denn so ein Über Boiler? Würde mich echt interessieren, das Ding.

40 Jahre

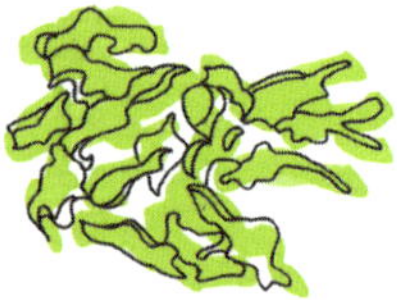

Rufen Sie mich bitte an, wenn Sie den First Flush bekommen? Ok, verstehe, aber können Sie mir zumindest einen reservieren? Aus welchem Teegarten kommt der diesmal? Wirklich?? Dort war ich ja schon einmal! Na, das wird spannend.

45 Jahre

Dieses ganze aromatisierte Zeug, muss das sein? Ich weiß schon, ich hab auch einmal so angefangen, aber... Wie, sagen Sie, von dem verkaufen Sie

am meisten? Entsetzlich! Aber jeder, wie er will. Ich probier heute einmal den Ali Shan. 50 Gramm, ja.

50 Jahre

Wie lang müsste ich mich da freistellen lassen? Das wird geblockt abgehalten? Aha. Wollte zwar gleich

eine Auszeit vom Job nehmen, aber egal. Hauptsache, ich mach das endlich. Ist schon lange ein Herzenswunsch von mir, diese Ausbildung, wissen Sie. Teesommelier, klingt doch großartig.

100 Jahre

Den Kaffee können Sie gleich wieder mitnehmen, Sie Banause. Nur weil ich jetzt im Heim bin, brau-

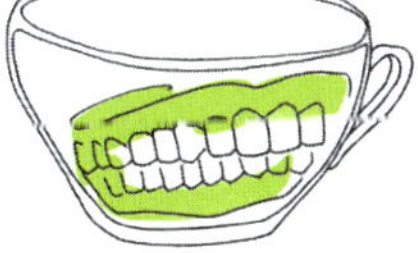

chen Sie nicht glauben, Sie können alles mit mir machen. Ich hab mein Leben lang Tee getrunken, ich werde weiterhin Tee trinken. Hält ja jung, wie Sie sehen, junger Mann.

Tee statt Makramee

Teeseminare, Teetausch und andere Hobbys

Sie nennen sich „Abwarten und Tee trinken", „Vergiss den Lärm der Welt" oder, weniger blumig, „Einführung in die Welt des Tees": Veranstaltungen in Volkshochschulen, asiatischen Botschaften oder Teegeschäften, die sich der Teebildung widmen. Ein Getränk als Hobby. Wen wundert's, in einer Zeit, in der sich die selbsternannten Hobbyweinprofessoren schon gegenseitig auf die Zehen steigen, so viele gibt es. Die Nachfrage nach kommentierten Teeverkostungen oder asiatischen Teezeremonien zum Zuschauen steigt, in Wellnesshotels dienen Letztere neben der Bildung auch zur Kontemplation. Gong Fu Cha statt Lomi Lomi Nui also.

Die Bandbreite ist groß: Von zweistündigen Sparefroh-Einsteigerseminaren im Volksbildungsheim am Stadtrand, die gern damit werben, dass bei den veranschlagten 12 Euro „ein kleiner Snack inklusive" ist, und die per PowerPoint prinzipiell einmal darüber aufklären, dass Hagebuttentee und Sencha so viel gemeinsam haben wie Barbie und Batman, bis hin zu Verkostungen im Dunstkreis von Alfons Schuhbeck, wo verschiedene japanische und chinesische Grüntees erläutert und Speisen mit Tee serviert werden. 159 Euro, nebenbei. Für einen Abend natürlich nur, wo denken Sie denn hin.

Das prinzipielle Wissen um Tee ist in den letzten Jahren deutlich gestiegen, in Österreich nicht zuletzt dank verstärkten Medienberichten rund um den Tag des Tees, eine Initiative des österreichischen Teeinstituts. Und die haben schon recht: Wenn es einen Welttag der Jogginghose gibt und einen Internationalen Tag der Putzfrau (ja, wirklich) und einen Welt-Toiletten-Tag,

Es ist doch nicht egal, aus welcher Tasse man Darjeeling trinkt ...

dann darf sich der Tee ruhig auch einen Tag lang ein bisschen feiern lassen. (Logisch wäre es natürlich gewesen, den Tag des Tees und den Welt-Toiletten-Tag auf ein Datum zu legen. Sie verstehen schon, Tee treibt eben … die Leute in die Geschäfte.)

Zurück zum Interesse für den Tee. Man kann also heute vielfach schon von gewissen Grundvoraussetzungen ausgehen, was das Teewissen betrifft (siehe Barbie und Batman). Weshalb sich vor allem zugespitzt sortenreine Veranstaltungen mehren, die sich etwa nur dem Vergleichen von Darjeeling First Flush eines Jahres widmen. Dort trifft man dann, analog zum Wein, auch auf jene Zeitgenossen, die einander mit kennerhaft lautem Einsaugen („umso mehr Sauerstoff, wissen Sie!") übertrumpfen wollen, stattdessen aber mit ihren schmatzenden Lippen-Zahn-Tänzchen an unbeholfen flirtende Eichhörnchen erinnern. Jaja, schon gut, den Sauerstoff braucht es eben wirklich. Und so „eng" zu verkosten ist tatsächlich interessant: Warum schmecken Darjeelings aus höheren Lagen anders als solche aus niedrigeren Lagen (die zwar in der Qualität meistens hinterherhinken, aber dafür wegen der früheren Ernteperiode als jene ersten Flugtees reüssieren, von denen Porsche-Cabrio-Teetypen glauben, sie seien unbedingt notwendig, um als richtiger Kenner zu gelten)? Was bewirken das längere Welken des Teeblatts bei Darjeeling First Flush und das kürzere Fermentieren, das eigentlich ein Oxidieren ist, wie man nebenbei lernt? Und selbst wenn man nichts Interessantes erfahren sollte: Ein Sackerl mit ein paar Infos drin gibt's immer als Mitgift. Vielleicht sogar mit einem Pröbchen Tee, wenn Sie so schlau waren und 159 Euro gezahlt haben.

Coconut Kiss gegen Schlank&Fit: Teetausch

Manche tauschen Briefmarken, manche Überraschungseierfiguren, andere tauschen Tee. Wer schon als Schulkind dem emsigen Stickertauschen in der Pause – „ein Glitzer gegen zwei Duft!" – nichts abgewinnen wollte und sich dem Tauschvirus prinzipiell immer schon ganz gut entziehen konnte, findet die Teetauschidee wohl eher seltsam. Da bekommt man ein Lebensmittel, halbgebraucht und möglicherweise kontaminiert, von einer völlig fremden Person zugeschickt und soll es dann bedenkenlos zu sich nehmen? Andere schwören auf die onlinebasierte Methode, um an Verkostungsmengen von außergewöhnlichen Tees heranzukommen. Während in Teehandlungen oft nach einer Teeprobe als Give-away Schluss ist, weil die Verkäufer den Verdacht haben, man wolle sich kostenlos mit Tee eindecken (dabei will man doch wirklich nur ein wenig querverkosten, um vielleicht einen neuen Lieblingstee zu entdecken), kann man in den Tauschforen im Internet auf eine beachtliche Zahl an kleinen Teemengen kommen. Man darf nur den Weg zum nächsten Postamt nicht scheuen.

Teetauschbörsen funktionieren oft über eine Art Moderator, bei dem man sich mit seiner Adresse meldet und der dann den Teilnehmern den Tauschpartner zuteilt. Man schickt diesem dann entweder einzelne Teebeutel oder beschriftete Probemengen von offenem Tee – möglichst natürlich etwas, das man selbst gern trinkt und weiterempfehlen möchte – und bekommt im Gegenzug einen Tee, den man vielleicht noch nicht kannte. „Ich habe meine Lieblingssorten verschickt und einige neue bekommen!", jauchzt eine Userin. Eine andere hält nach Jahren des Teetauschs bei über 500 verschiedenen Proben. Darunter solche Sorten, bei denen es wahren Teeliebhabern wohl kalt den Rücken hinunterläuft: „Rooibos Banana Vanilla Ananas“, „Coconut Kiss“ oder „Schlank&Fit-Tee“. Und wieder eine andere (die Mehrheit sind Frauen) verlautbart, sie mache da nur mit, weil sie endlich vom Kaffee runterkommen wolle. Viel Erfolg dieser Dame mit solchen Barbietees, kann man da nur sagen. Die Übung wird nicht gelingen.

Kräuterteeverachtung und Oolong-Inventur: Teeliebhaberei online

Manchmal wird diskutiert, bis die Fetzen fliegen. Oder bis ein Mitglied aussteigt, weil es nicht mit jemandem, der aromatisierten Tee trinkt, in derselben Facebook-Gruppe sein möchte. Ciao, Dogmatikerin! Dir wird zumindest von den Teeliberalen hier kein Tropfen Tee nachgeweint. Die anderen rätselraten eifrig weiter, wenn Fotos von aufgegossenem Pu Erh gepostet werden mit dem Vermerk: „Tee-Quiz: Welcher Tee ist in der Tasse? :-P“, man tauscht Erfahrungen über Teekannen-Reinigungstabletten aus oder plaudert über Teebegleitung zum Spargelessen.

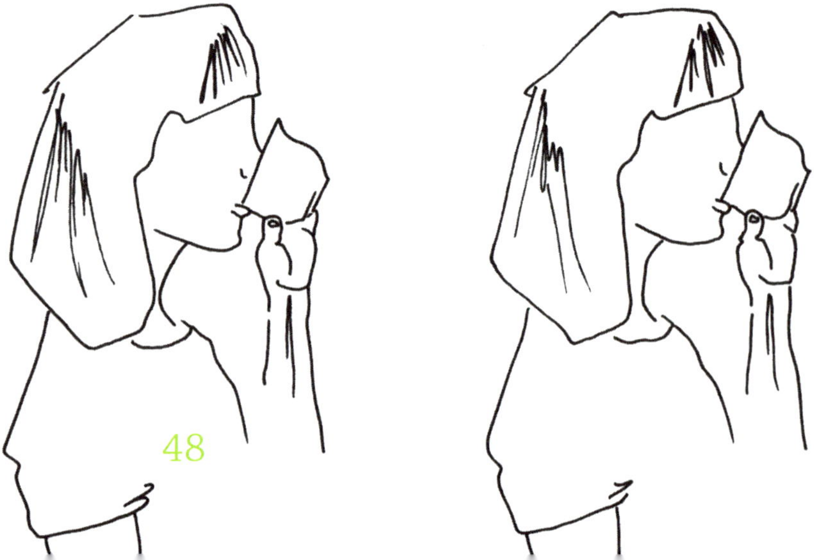

Tatort: die Facebook-Gruppe „Teefreunde“. Viele Mitglieder sind Teehändler oder anders mit der Branche verbunden, andere trinken einfach wahnsinnig gern Tee – und reden darüber. Das Niveau ist ein deutlich anderes als auf Seiten, auf denen im Forum Fragen gestellt werden wie „Kann mir wer einen gaaaanz leckeren Früchtetee empfehlen??“. Hier sind die wirklichen Experten zu finden, die mit ihrem Wissen den Teehorizont gehörig erweitern können: Leute, die private Schattentee-Verkostungen veranstalten, Leute, die sich am Töpfern ihrer eigenen Yixing-Kanne versuchen, Leute, die erklären, wie man einen Da Hong Pao idealerweise zubereitet. Aber natürlich auch solche, die an der Foto-Zeig-Krankheit in fortgeschrittenem Stadium leiden und jedes aufgegossene Kännchen und jeden Winkel ihres angeblich überbordenden Teeschranks, der so üppig bestückt dann doch gar nicht ist, mit der Teeöffentlichkeit teilen möchten. Ebenfalls zu finden: Wortspenden wie *„Beim heutigen Inventarisieren meiner 72 Oolongs ging mir durch den Kopf: Oh, ich habe nur zwei Li Shans, und beim Dong Ding bräuchte ich auch dringend noch 1–2 Alternativen.“* Wer da den Tee-Nerd wittert, liegt sicher richtig.

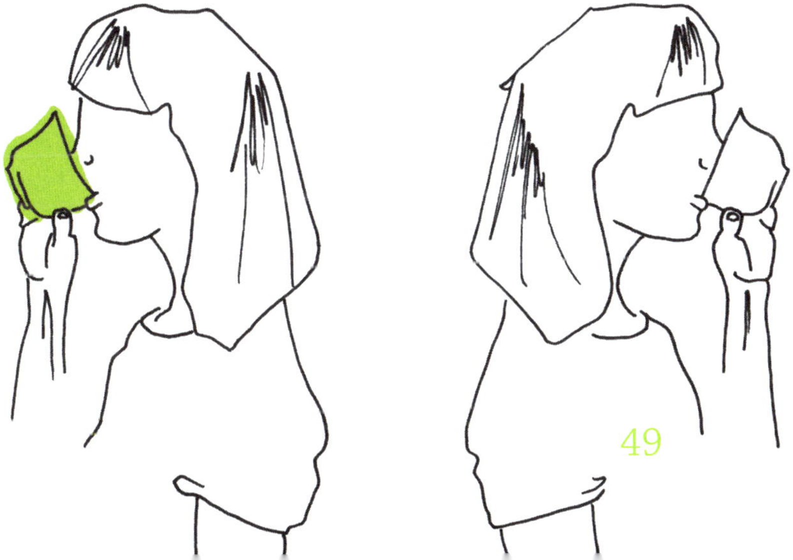

Natürlich ist hier auch *die* Teefrage schlechthin ein Thema: Was darf sich Tee nennen? Haben Kräuter- oder Früchtemischungen Platz im Teefreundeforum? Gleich vorweg: Ein gewisser Mut ist vonnöten, um hier Fragen wie diese zu posten:

„Mir ist aufgefallen, dass es hier mehr oder minder ausschließlich um ‚echte' Tees mit Teeblättern geht und z.B. Früchtetees, Kräutertees oder Gewürztees keine Rolle zu spielen scheinen. Wie kommt das? Sind das für euch keine Tees im eigentlichen Sinn? Oder gibt es darüber einfach nur irgendwie nichts zu sagen? Eure Meinungen hierzu würden mich interessieren..."

Ui, ui, ui, vielleicht hätte sich das der arme User besser überlegen sollen.

„Ich verstehe die Frage nicht... Tee ist botanisch klar abgegrenzt. Aufgussgetränke aus Kräutern und Früchten haben mit Tee so viel gemeinsam wie Kaffee. Aber das wurde ja an dieser Stelle auch bereits mehrfach diskutiert. Für mich persönlich sind derartige ‚Tees' hier ungefähr so passend wie ein Sangria-Rezept im Weinsommelierforum."

Der Fragesteller versuchte zu beschwichtigen.

„Ich will da ja jetzt wirklich nicht allzu sehr darauf rumreiten, aber laut Wikipedia habe ich doch gar nicht mal so unrecht..."

Ein strenger Teefreund schlug gar vor, dass der Früchteteetrinker doch bitteschön eine eigene Gruppe gründen möge.

„Leider gibt es keine Möglichkeit, bei Facebook innerhalb von Gruppen einzelne Themenzweige als ‚Untergruppe' aufzunehmen. Aber vielleicht wäre es ja eine Idee, für Kräuter- und Früchtemischungen eine eigene Gruppe zu gründen? Vielleicht hast du ja Lust und Zeit, eine solche Gruppe ins Leben zu rufen, XXX?"

Das Ganze ging munter weiter, bis sich schließlich auch Teeliberale einmischten und die Maßregler ihrerseits maßregelten:

„Noch reizender wäre es, wenn Du einfach einmal gänzlich unvoreinge-

nommen und ohne jegliche Wertung zur Kenntnis nehmen würdest, dass es Teetrinker gibt, die andere Vorlieben haben als Du.“
„XXX, ich fühle mich auch manchmal exotisch hier, weil es so ist. Sekretärinnentee wurde da schon mal geschrieben. Was soll's. Einige sehen das sehr elitär, andere sind durchaus aufgeschlossener und finden es auch keine Blasphemie, mal ein schönes Tässchen Kaffee oder Espresso zu trinken. Manchmal muss man eben selektiv lesen…“
„XXX, du bist nicht allein – die Welt des Tees ist bunt, und keiner sollte sich in irgendeiner Weise degradiert fühlen, weil er eine duftige Mischung aus Verveine, Zitronengras, Apfelstückchen und Vanille zu seinem Lieblingstee ernennt.“
Und ein weiterer Teeliberaler wurde richtig philosophisch:
„Sind Teetrinker bessere Menschen als Rooibostrinker?“

Weit über 100.000 Teerezensionen findet man indes auf www.steepster.com, einer englischsprachigen Tee-Community, die es seit 2009 gibt. Ob ein Tee nur vier Kommentare oder gleich 88 bekommt, dürfte mit der Bekanntheit des jeweiligen Teehändlers zusammenhängen. Die User testen einen bestimmten Tee, etwa einen Vietnam Yen Bai OP von Tee Gschwendner, und schreiben Rezensionen. Außerdem kann man auf steepster ein Teetagebuch, ein Tea log, führen, in dem man vermerkt, dass die heute verwendete Menge losen Tees zu viel war oder beim nächsten Mal zwei Grad mehr vielleicht besser wären, und sich followen lassen (oder wie auch immer das heißt). Natürlich kann man sich auch hier mit anderen Teeliebhabern vernetzen. Und Tees kaufen, etwa im Überraschungs-Abo.

Wenn die scharfe Anna auf Wolke 7 schwebt

Die zweifelhafte Welt der Teenamen

Sie sind mittlerweile auch in teefremden Online-Foren Thema und Anlass für Wortspenden wie „Gib mir Teenamen!“: jene mehr oder weniger originellen, sprich mehr oder weniger idiotischen Fantasiebezeichnungen, wie sie hauptsächlich für Früchte-Kräuter-Mischungen und aromatisierte Tees ersonnen werden. „Nicht-schon-wieder-Montag-Tee“, „Sauwetter-na-und-Tee“, „Wolke-7-Tee“. Allesamt pulitzerpreisverdächtig, nicht?

Man darf sich die Brainstormingrunde einer Agentur, die von einer Teefirma für neue Wortschöpfungen beauftragt wurde, wohl so vorstellen: Fünf Männer sitzen beisammen. Am Tisch: Kaffee in Thermoskannen und trockene Kekse. An die Wand gebeamt sind Bilder von losem Früchtetee und diverse Umfragediagramme.

„Wir müssen näher an die Frauen heran.“
„Da gebe ich dir recht, Richard. Die Zahlen sagen es ganz deutlich. Was schlägst du also vor?“
„Hm, was macht denn Frauen so aus... Ha! Frauen tratschen doch so gern. Ich sag euch, meine Frau, also wenn die einmal Freundinnen..., nein, also wenn die einmal mit Freundinnen...“
„Worauf willst du hinaus, Richard?“
„Na wenn Frauen so gern tratschen, müsste man sie genau dort abholen.“
„Das hast du schön gesagt, Richard. Aber was meinst du nun genau?“
„Na, die Frauen sollen sich wohlfühlen beim Teetrinken. Die sollen sich

für voll genommen fühlen, als Frauen wahrgenommen, also als Tratschwei...“

„Verstehe genau, was du meinst, Richard. Hm... Was hältst du von ‚Stundenlang-quatschen-Tee‘?“

„Genial! Das ist es. Die Frauen werden sich um das Zeug reißen!“

Man könnte nun sagen, Namen sind Geschmackssache. Chantal oder Josefine, Marvin oder Karl-Ferdinand – jeder, wie er will. Aber gilt das wirklich, wenn arme, wehrlose Tees ihr Dasein im Regal als „Süße Schnute“, „Erdbeermäulchen“ oder „Freches Ding“ fristen müssen? Gibt es keine Teeschutzvereinigung, für die man Geld sammeln kann?

(-.-) Wenn Teenamen wie diese nur im Geringsten verteidigungswürdig wären, könnte man als wahrer Tee-Experte nun freilich einwenden: Chinesische Grüntees heißen übersetzt auch Edle Augenbraue, Schneeknospe, Schwerthaar, Spatzzunge, Drachenbart, Gipfelsprosse oder Frühling der grünen Schnecken. Stimmt, auch nicht gerade sachlich. Aber solche Namen haben mit der Form oder der Oberfläche des Teeblatts zu tun und weisen darauf hin, ob dieses spitz oder rund eingerollt ist, grün oder dank des Flaums eher weiß. Die meisten chinesischen Tees haben einen zweiteiligen Namen. Der erste Teil enthält einen geografischen Hinweis auf die Teeherkunft, also entweder den Namen einer Stadt oder auch den eines bekannten Klosters oder Berges. Der zweite Teil eines chinesischen Teenamens weist meist auf das Aussehen des Blattes hin. Also etwa „Mao“ für behaart oder „Zhen“ für Nadel. Jin Tan Que She etwa bedeutet „Spatzzunge von Jin Tan“. \(^_^)/

Und überhaupt. Diese teilweise uralten Bezeichnungen haben einfach ein anderes Flair, als wenn ein Tee „Süße Schnute“ heißt. Widerspruch wird in diesem Fall nicht geduldet. Und diese lustigen Marketingleute sollen einmal versuchen, einem an Zen Interessierten einen Matcha-Besen als „heißen Feger“ zu verkaufen.

Es war einmal ...

Auf einen Second Flash mit Earl Gay und Mama Minze

Auf *Sunny Irland*, einer Insel im äußersten Norden Europas, wo sich täglich *Licht und Latte* abwechselten, lebte ein Graf. Er fühlte sich schon lange zu Männern hingezogen, weswegen sie ihn auf der ganzen Welt, ob auf *Sunny Irland* oder auf der *Copacabana*, nur *Earl Gay* riefen. Dem Grafen gefiel das gar nicht, er grämte sich sehr. Die einzige, die ihn trösten konnte, war *Mama Minze*. Sie wohnte in einer kleinen Hütte und war eine sehr religiöse Frau. In jeder Ecke ihres Häuschens hing daher ein hölzerner *Toffee Heiland*. „Oh, mein *Darling*", sagte sie, als Earl Gay wieder einmal verzagt bei ihr anklopfte, „langsam ist der *Rubius* überschritten! Jetzt trinken wir einmal einen schönen *Orangenpoky*." Earl Gay aber war nach etwas Stärkerem zumute, und er bat Mama Minze um einen *Himalaya Sangria*. Mama Minze wollte dem traurigen Grafen keinen Wunsch abschlagen und fragte ihre Tochter *Shakira*, die sich gerade mit einer Tasse *Trombusch* einen *Second Flash* holte, nach dem Rezept. „Hauptsache, viel *Cranberry-Himberry*!" Der Himalaya Sangria gelang Mama Minze wirklich hervorragend, und Earl Gays Stimmung besserte sich schlagartig. Je mehr er trank, desto müder wurde er aber auch. Irgendwann schlief er ein, den Kopf auf Mama Minzes Schulter. Mein kleiner *Nusskacker*, dachte sie liebevoll und lächelte dem Toffee Heiland in der Ecke dankbar zu. Dann übermannte auch sie der Schlaf.

Starring:
Sunny Irland: Sunny Island, ein Früchtetee
Licht und Latte: Earl Grey Light and Late, ein teeinarmer Abendtee

Copacabana: Koppakanda Ceylon, schwarzer Tee aus Sri Lanka
Mama Minze: Nanaminze
Toffee Heiland: Highland Toffee, schwarzer Tee mit Karamellaroma
Darling: Darjeeling
Rubius und Trombusch: Rooibos
Orangenpoky: Orange Pekoe, ein kleinblättriger schwarzer Tee
Himalaya Sangria: Himalaya Shangri La, ein weißer Tee
Shakira: Sakura, ein japanischer Grüntee mit Kirschblüten
Second Flash: Second Flush, die zweite Ernte
Cranberry-Himberry: Cranberry-Himbeere, ein Früchtetee
Nusskacker: Nussknacker, ein Weihnachtstee
Earl Gay: Muss man das wirklich erklären?

Danke an die Mitarbeiterinnen eines Wiener Teehauses, die solche Kundenanfragen notieren.

Und ewig leiden die Teetrinker

Über Beuteltortur und Herzinfarkt

„Haben Sie grünen Tee?“
„Ja, Pfefferminze oder Kräutertraum.“

Sie sind wirklich arm, die Teetrinker. Um zu erfahren, wie sie leiden müssen, braucht man nur in ein x-beliebiges Lokal oder auch in ein klassisches Kaffeehaus zu gehen und sich dort die Karte zu Gemüte zu führen: ellenlange Listen mit Kaffeevariationen, Latte blablabla, Espresso blablabla – und wenn man gerade in Wien ist, verzehnfacht sich die Liste sowieso gleich. Einspänner, Überstürzter Neumann und wie sie alle heißen, die traditionellen Kaffeekreationen, kommen dann auch noch dazu. Für Teetrinker indes halten die Getränkekarten ein Spielchen bereit, das sich ganz simpel „Such den Tee“ nennt. Manchmal zwischen Bitter Lemon und heißer Schokolade, manchmal zwischen alkoholfreiem Bier und dem Hausschnaps versteckt, wartet listig – ei, wie ist dies Spielchen fein! – die Teeauswahl. Auswahl. Mit keinem anderen Wort könnte man einen Teetrinker in diesem Moment mehr verarschen. Mit wachsender Angst liest er zwei Wörter, „Hagebutte“ und „Kamille“, sucht mit panischem Blick nach weiteren Indizien für sein erhofftes Teevergnügen und lässt schließlich resigniert Schultern, Blick und Herz sinken, weil er wieder einmal zur Gewissheit gelangt ist: Er ist der Welt vollkommen egal. Niemand kümmert sich um ihn, niemand hat ihn lieb. Gar niemand. Dabei hat er seine Ansprüche doch ohnehin schon so heruntergeschraubt. Hat sich damit abgefunden, dass Tee in öffentlichen Lokalen nicht aufgegossen wird, sondern der Beutel neben die Tasse gelegt wird, auf dass man ihn selbst im lauwarmen Wasser ungeduldig auf und ab tunke und ihn mithilfe eines Löffels auswringe, um doch noch irgendeinen Anflug von Extraktion zu erhalten. „Damit der Gast sieht, dass der Teebeutel frisch ist", hat ihm das mit dem danebengelegten Beutel einmal ein Gastronomie-Insider erklärt. „Wenn ich ein Schnitzel bestelle, kommt auch nicht das lebende Schwein an den Tisch, damit ich sehe, dass das Fleisch frisch ist", hat er damals empört zurückgegeben und daraufhin einen Blick geerntet, der besagte, er solle sich doch nicht so aufregen – ist doch nur Tee. Der Teetrinker hat widerwillig gelernt, sich mit dickwandigen, abgeschlagenen Jumbotassen in abenteuerlichen Knallfarben herumzuschlagen, in denen man ein Kleinkind baden könnte, und hat sich, während der Tee oder was man dafür hielt, schwerfällig über den Rand schwappte, sehnlichst seine papierdünne Limoges-Porzellantasse herbeigewünscht. Hat akzeptiert, dass man die gebotene Schwarzteequalität nur mit Milch und Zucker runterwürgen kann. Hat sogar damit leben gelernt, dass die Milch zum Tee immer geschäumt und heiß daherkommt, sodass ein Tee mit Milch prinzipiell aussieht wie das gekippte Abwasser einer ukrainischen Papierfabrik. Aber dass er diesmal nicht einmal mehr einen echten Tee auf der Karte vorfindet, sondern nur das, was die

„Einen Tee mit Milch, bitte."
„Hagebutte?"

ärgsten Banausen, die nicht einmal diese Bezeichnung verdienen, unter Tee verstehen – das ist zu viel. „Hagebutte! Kamille!“, stößt er mit hervorquellenden Augen im knallroten Gesicht hervor und japst nach Luft, bevor er von der Bank kippt. Zwei Kellner schleppen ihn vor die Tür und rufen die Rettung. „Was ist denn passiert?“, fragt der Sanitäter wenig später. „Ein Teetrinker.“ „Schon wieder einer. Die halten echt gar nichts aus. Kann ich vielleicht noch schnell einen Kaffee haben?“

(-.-) Nachsatz: Die Situation hat sich schon sehr gebessert. Gastronomen servieren Tee in der Kanne neben einer Teetasse, manchmal schon aufgegossen, manchmal sogar mit Sanduhr. Kalte Milch und Kandiszucker sind anzutreffen, Teequalität und Teeauswahl sind flächendeckend schon viel erfreulicher als vor zehn Jahren. Das hat unter anderem damit zu tun, dass erstens eingesessene Teehändler wie Demmers Teehaus aus eigenem Antrieb die Gastronomieversorgung übernommen haben, das heißt, Lokale, Hotels oder auch Fluglinien mit einer übersichtlichen Kollektion an (Kannen-)Portionen von gutem Tee versorgen und Service- und Küchenmitarbeiter schulen, was die richtige Teezubereitung und die Beratung der Gäste betrifft. Zum Zweiten gibt es, nachdem das Thema Tee lifestylig geworden ist, wie man so schön sagt, viel mehr schicke Teelabels, die sich in einer Getränkekarte eines Szenelokals einfach gut machen. Dass die Produzenten und die Herkunft von Lebensmitteln in jüngster Zeit ausdrücklich in den Speise- und Getränkekarten angeführt werden, egal ob es sich um Schweinefleisch, Gemüse oder eben Tee handelt, ist ein eigenes Phänomen. Oft bio, oft mit witzigen oder zumindest halbwitzigen Namen, oft in schicken Gazebeuteln oder anderen hübschen Verpackungen: Die Gastronomie versucht es mittlerweile erfreulicherweise auch beim Tee mit Auswahl und Qualität.

Das Entwicklungspotenzial ist allerdings noch immer riesig. Viele Teefreaks bestellen in Lokalen, die sie noch nicht kennen, lieber keinen Tee, sondern etwas ganz anderes, eher einen sehr guten Kaffee als einen mittelmäßigen Tee. Das fachspezifische Genussleben eines Teeliebhabers findet (Ausnahmen sind die wenigen richtig guten Teehäuser, gern auch in Paris) größtenteils zuhause statt, wo die Teeauswahl groß ist, man Wassertemperatur und Ziehzeit selbst beeinflussen kann und wo oft unterschiedliches Geschirr auf den jeweiligen Tee wartet. \(^_^)/

Cornwall First Flush und Sarah Wiener

Neue Provenienzen

Es muss jährlich etwas Neues her. Ob es die Kunden dann kaufen oder nicht, ist für Teehändler manchmal zweitrangig – es gilt wieder in die Medien zu kommen und Kunden prinzipiell wieder ins Geschäft zu locken. Und wie lockt man Journalisten? Eben mit noch nicht Dagewesenem. Dazu gehören beim Tee neben Trends aus Fernost, wie dem Matcha, einerseits die Entdeckungen aus der Gesundheitsecke wie Pu Erh oder neue Aromen wie die verschiedenen Trendbeeren, die irgendwann in sämtlichen Früchtetees auftauchten – Acai, Goji und wie sie alle heißen. Was Joghurts oder Müsliriegel aufmotzen kann, kann auch im Tee nicht schaden, lautet das Kalkül. Auf die japanische Zitrusfrucht Yuzu als „die neue Bergamotte" warten wir noch, dafür ist Bambus schon in den Geschäften. Bambus, den man in China eigentlich als Gemüse sieht und der, ehrlich gesagt, auch als Bambusblättertee nach Gemüse schmeckt. Für Teemischungen eignet er sich aber gut, etwa eine Hagebutten-Gojibeeren-Bambus-Gemüsebrühe.

Ein weiteres Thema, mit dem Teehäuser Journalisten zu überzeugen versuchen, sind neue Herkunftsländer für echten Tee. Diese sind zwar nicht das Zugpferd für die Masse, sprechen dafür aber jene an, die wirklich an Tee und seinen Varietäten interessiert sind und dementsprechend Geld auszugeben bereit sind.

Neben den Big Players wie Sri Lanka, Indien, China oder Japan rückten in den letzten Jahren zum Beispiel Nepal, wo es in den späten Neunzigern erst richtig losging, Vietnam oder Südkorea in den Fokus von Teeliebhabern. Man muss freilich immer unterscheiden, um welchen Tee es sich handelt: In Vietnam etwa werden in großem Stil Grüntees nach der japanischen Methode produziert, die nach Japan exportiert werden, um den dort ständig steigenden Bedarf zu decken (Japan trinkt etwa 99 Prozent seines Tees selbst, exportiert circa 1 Prozent hochqualitativen Tee und muss für den Eigenbedarf sogar zukaufen). Solche nachempfundenen Tees – sprich: Japan made in Vietnam – sind für Kenner aber wenig interessant, schließlich sind diese immer auf der Suche nach eigenständigen neuen Charakteristika. Die Herausforderung für hiesige Top-Teehändler ist also, solche Tees aus Vietnam und anderen Ländern ausfindig zu machen, die man noch nicht kennt und die wirklich eine Ergänzung für das Portfolio sind.

Afrika ist ein solcher Hoffnungsträger: Kenia ist zwar derzeit einer der größten Teeproduzenten, allerdings stammt der überwiegende Teil des kenianischen Tees aus CTC-Produktion (Crushing – Tearing – Curling), die im Gegensatz zur orthodoxen Methode schnell große Mengen, dafür aber geringere Qualität liefert. Darauf weisen schon die brutalen Verben hin: zerquetschen, zerreißen, rollen. CTC-Tees aus Kenia findet man vor allem in Teebeuteln. Bei den wenigen Teeproduzenten aber, die dort oder auch in Tansania oder Ruanda orthodox arbeiten, lassen sich dafür mitunter echte Entdeckungen machen. Und auch hier beeinflusst das Kundeninteresse die Produktion: Wenn sich hochwertiger Tee aus Afrika unter Connaisseurs einen Namen machen kann, werden immer mehr Produzenten auf die orthodoxe Methode umsteigen.

Andere Länder, denen man als Nicht-Tee-Eingeweihter alles mögliche, aber sicher keine Teeproduktion zutrauen würde, sind unter anderem die Azoren, Bolivien oder Neuseeland. Und sogar in der Schweiz versucht man sich in der Teeproduktion nach japanischer Methode, die kleine Plantage bei Ascona dient aber eher nur Studienzwecken. Auch das doch eher als ungemütlich geltende Cornwall ist Standort für einen Teeproduzenten: Die Firma Tregothnan kultiviert dort Teepflanzen, die ursprünglich als Dekoration für englische Gärten gedacht waren, und bietet seit kurzem mehrere Tees an. Tee aus Cornwall (die Blends bestehen freilich zu einem großen Teil aus Tee aus Darjeeling und anderen Anbaugebieten) braucht aber doch etwas mediale Unterstützung, dachte man sich und sah sich nach einer hierzulande bekannten Person um. Und nachdem George Clooney schon von der Heißgetränkkonkurrenz besetzt ist, wurde es Sarah Wiener. Ja genau, die Frau mit dem Hang zum Striptease in Kochbüchern und dem diskussionswürdigen Beliebtheitsgrad.

Andere Länder, andere Tees

Wo man was wie trinkt

Wir kommen wieder einmal nicht allzu gut weg. Wenn Tee(groß)-händler gefragt werden, welche Länder an Raritäten interessiert seien, redet niemand, aber auch wirklich niemand, von Österreich und Deutschland. (Ganz abgesehen davon, dass eben auch die Art, wie die deutschsprachigen Medien über Tee berichten, dem Getränk als hochdifferenziertem Genussmittel nicht zuträglich ist.) Wenn Sie jetzt raten müssten, welches Land der derzeit wichtigste Markt für Überdrübertees ist, Sie würden nie draufkommen. Ein kleiner Tipp: Übertee in Übersee. Ein kleines Hamburger Teeunternehmen berichtet von sagenhaften neunzig Prozent. Neunzig Prozent der hochwertigsten Tees, mit denen diese Firma über den Hamburger Hafen, den wichtigsten Teehafen weltweit, handelt, gehen – in die USA. Richtig, das Land, das bekanntermaßen Decaf Vanilla Nut Specialty Flavored Cappuccino aus Zweiliterbechern trinkt. Und die sollen ausgerechnet beim Tee die größten Feinschmecker sein? Doch, doch. Denn die Leute, die Decaf Vanilla Nut Specialty Flavored Cappuccino aus Zweiliterbechern trinken, sind schließlich nicht die Leute, die für einen Li Shan High Mountain Oolong viel Geld ausgeben. Tee ist kein Massengetränk, und in der höchsten Qualitätsstufe noch weniger. Man kann – und das gilt für jedes Land – nie von dem, was die breite Masse trinkt, Rückschlüsse ziehen auf das, was sich in einer kleinen Nische abspielt. Es ist also durchaus möglich, dass die Amerikaner, von denen es ja auch andere als die *horizontally challenged* hintertexanischen Drive-in-Exemplare ge-

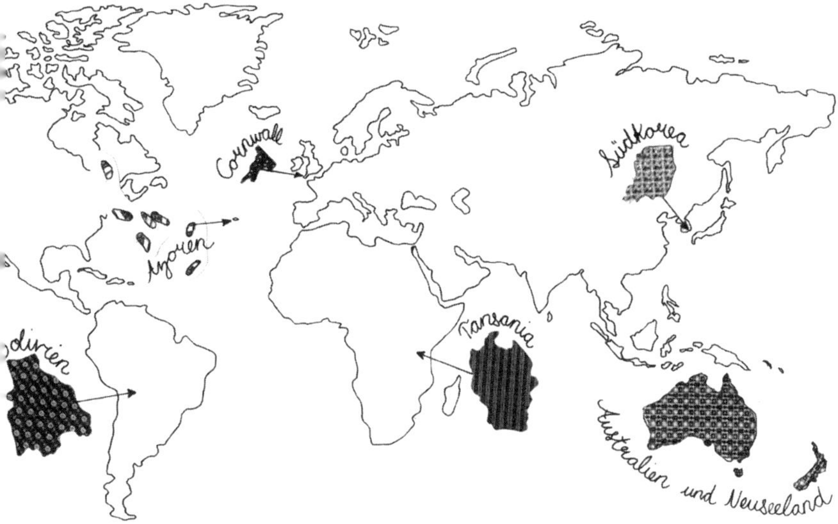

ben soll, derzeit für Teehändler Zielgruppe Nummer eins sind. Ein weiteres Land, das man nicht unbedingt mit Teekultur in Verbindung bringen würde, in dem es sich in Sachen elaborierter Tee aber zurzeit ordentlich abspielt, ist Spanien. Vor allem in Barcelona erfreut sich Tee gerade großen Interesses. Relativ großen Interesses, muss man angesichts der generellen Bedeutung von Tee hinzufügen. Es ist durchaus anzunehmen, dass spanische Nichtteetrinker noch nie davon gehört haben, dass es in ihrem Land gerade einen Hype um tolle Tees gibt, so nischig ist das Thema.

Interessant sind abgesehen von den Ländern, in denen sich derzeit viele Tee-Nerds tummeln, auch die landestypischen Vorlieben. Es lässt sich durch Befragung einiger Teegroßhändler ein recht genaues Bild zeichnen, wer was bevorzugt. Tee-Nerds in den USA etwa mögen es eher weich und süßlich – Ti Kuan Yin Oolong etwa wird hier gewissermaßen verehrt – und *Decaf Tea* (also koffeinfreier Tee) ist für sie nichts, worüber man die Nase rümpfen müsste. Spanische Teeliebhaber indes stehen auf erdige Aromen und konsumieren vergleichsweise viel von einem Tee, den sonst kaum jemand aushält: Pu Erh, dem Tee mit dem Aroma von krankem Hund und Shrimpskeksen. Teehändler führen die spanische Vorliebe für das Erdige unter anderem auf die dortigen Kombinationsmöglichkeiten zurück: Zu Jamon Iberico Bellota, dem berühmten Rohschinken von eichelgefütterten Schwarzfußschweinen, passe nun einmal ein Pu Erh am besten.

In Frankreich wiederum und vor allem in Paris, der Stadt, in die Teetrinker heute pilgern und die jene europäische Stadt ist, in der dem Tee am meisten gehuldigt wird, ist ein anderer polarisierender Tee in einer Verbreitung anzutreffen, die bei uns völlig

undenkbar wäre: Lapsang Souchong, dieser chinesische Rauchtee, von dem sich viele angewidert abwenden, weil er „ekelhaft wie eine Schinkenfabrik“ stinke, ist dort so beliebt, dass er sogar im Supermarkt in Teebeutelform zu finden ist. Und noch dazu mit mehr als deutlich ausgeprägtem Rauchcharakter. In der Schweiz liebt man wiederum Verveinetee (gewiss doch, liebe Teedogmatiker, das ist kein echter Tee, sondern ein Kraut, danke vielmals für den Hinweis). Und zwar so sehr, dass sich ein deutsches Unternehmen, dessen Tees vor allem in Hotels zu finden sind, gezwungen sah, seine Vorrichtungen für Schweizer Frühstücksbuffets so umzudesignen, dass Verveinetee, der vorher gar nicht im Portfolio war, den prominenten Mittelplatz hat.

Und was geht bei allen Eigenheiten überall wie warme Semmeln, pardon, Scones? Aromabomben, die wie ein Lush-Geschäft riechen und lustige Namen tragen (siehe Kapitel *»Wenn die scharfe Anna auf Seite 7 schläft«*).

Ohne Etagere geht es schwer

Das Comeback des Afternoon Tea

Haben Sie auch schon eine Etagere? Nein? Wo leben Sie denn, am Mond? Denn egal, ob Sie nun bevorzugt die „Gala“ oder eine dieser riesigen Qualitätszeitungen lesen, in denen man gleich einen Hai einwickeln kann: Dass die Tradition des Afternoon Tea wieder da ist beziehungsweise überhaupt einmal da ist, kann an keinem spurlos vorübergegangen sein. Und ohne Etagere geht es schwer. Egal, ob man im Billigmöbelhaus oder beim bekannten Kaffee- und Mozzarellaschneiderausstatter mit dem ständig wechselnden Angebot eine aus Porzellan oder Glas kauft, ob man eines dieser Vintagedesignstücke bevorzugt, die aus blümeranten Flohmarkttellern gefertigt werden, oder eine zusammensteckbare aus Karton – Hauptsache, Sie besitzen ein solches Ding zum Servieren von essbarem Kleinzeug. Und eine Kanne samt Tassen. Wenn Sie dann auch noch ein paar Freundinnen Ihr Eigen nennen, können Sie einladen und sich wie die Queen fühlen.

Wie das genau geht, darüber geben ein paar Büchlein Auskunft (über das Einladen, nicht über das Sich-wie-die-Queen-Fühlen), die in den letzten Jahren erschienen sind. In diesen Büchern sind Rezepte für Kleingebäck wie Scones in den verschiedensten Versionen zu finden, ob mit kandierten Früchten oder salzig mit gehackten Oliven, Rezepte für Shortbread, Mandeltarteletts und so weiter. Die Geschichte des Afternoon Tea wird erläutert, die wichtigsten Tees werden aufgezählt. Fast alle diese Bücher sind türkis oder rosa (eine eklatante Zielgruppenfehleinschätzung: Glauben diese Verlage ernsthaft, dass erwachsene Frauen denselben Farbengeschmack haben wie siebenjährige Lillifee-Fans?). Und nicht *fast alle*, sondern *alle alle alle* sind in diesem flohmarktig-rüschigen Vintagestil gestaltet, der teetassenführende Altwarenhändler zu Freudentränen rührt und zu ungerührten Preiserhöhungen. Neuerdings geben Autorinnen sogar Tipps, wie man sich als Gastgeberin eine altmodische Pin-up-Schürze mit Anstecklatz richtig bindet oder einen Lockenstab korrekt einsetzt. Ohne Vintage kein Afternoon Tea, scheint die Rechnung zu lauten. Na gut, Landhaus wäre auch noch möglich. Aber bloß nichts Schlichtes! Um Himmels willen! Und wagen Sie es ja nicht, im schwarzen Rollkragenpullover und mit Denkerbrille zum Afternoon Tea zu erscheinen!

Warum eigentlich? Nichts gegen das verspielte Zelebrieren einer Tradition, aber wie wär's stilistisch einmal mit etwas anderem? Vielleicht würde man sogar Männer hierzulande dazu bringen können, sich geschäftlich zum Etagereplündern zu verabreden und nebenbei über den servierten Darjeeling First Flush fachzusimpeln. Aber nicht, wenn man sie mit blumenrankenverwilderten Tässchen im selben Altrosa wie Omas Badezimmerfliesen und schmetterlingsverzierten Cupcakes beglückt.

Genug gelästert. Der Afternoon Tea an sich, diese kontemplative und gleichzeitig anregende Institution der spätnachmittäglichen Mahlzeit, hat Spott nicht verdient. Zu schön ist es, sich außerhalb der gewohnten Esszeiten zum Essen zu treffen, die Etagere von unten nach oben oder von oben nach unten zu plündern. Denn nur mit Tee hat ein Afternoon Tea wenig zu tun, das sagt allein der Bauchumfang danach.

Gut, dass nicht nur das ohnehin schon gut versorgte London in den letzten Jahren noch einmal gehörig aufgerüstet hat, was Adressen für stilvolle Tea Time betrifft (Adressen im Anhang), sondern dass auch im deutschsprachigen Raum immer mehr Gastronomen und vor allem Fünfsternehotels auf die Anziehungskraft dieser Zusatzmahlzeit setzen (wobei, mit dem Zusatz ist das so eine Sache, nicht selten verhindert der Afternoon Tea das Abendessen, ein Steak hat da neben den vielen Sandwiches und Scones nicht auch noch Platz).

In Deutschland war das Hamburger *Vier Jahreszeiten* das erste Haus, das Afternoon Tea im eleganten traditionellen Stil anbot. Schon Anfang der Neunziger befüllte man auf Anregung des damaligen Küchenchefs, der vorher in London gearbeitet hatte, in der sogenannten Wohnhalle Kannen und Etageres, ein Pianist begleitete das Nachmittagsgeschehen, im Kamin prasselte ein Feuer. Das Interesse war zunächst verhalten, dann kamen vor allem britische Gäste zum Tee oder Weitgereiste, die die Tradition

des Afternoon Tea schon aus Kolonialländern kannten. Und ausgerechnet die Briten waren meist überrascht von der gebotenen Teequalität und der exakten Zubereitung mit Sanduhr und richtiger Wassertemperatur, denn auf der Insel legt man weniger Wert darauf als auf das Drumherum. „Irgendein tiefschwarzer, ewig gezogener Tee, dazu viel Milch, viel Zucker", beschreibt Vier-Jahreszeiten-Teesommelier Andreas Winkels die britischen Gepflogenheiten. Mehr Frauen als Männer kommen heute zum Afternoon Tea, manche sitzen allein, einen Laptop vor sich, andere kommen in Gruppen. Und vor allem im Advent ist die Hölle los.

In Österreich und der Teehauptstadt Wien sind es einerseits Teehändler wie etwa Demmers Teehaus, die verschiedene Afternoon-Tea-Varianten anbieten, darunter auch solche abseits der klassischen englischen, wie die Kombination Assam mit Samosas, den pikanten indischen Teigtaschen. Aber auch immer mehr Hotels und kleine Teestuben laden zum Afternoon Tea. Es wird langsam...

Ein anderes Kaliber ist natürlich London, wo man den Afternoon Tea schon seit Mitte des neunzehnten Jahrhunderts pflegt, angeblich auf Anregung einer immer hungrigen Herzogin Anna. Meist in Luxushotels und mit formvollendeter Servier- und Sitzkultur, kehrt man hier am Nachmittag ein, um traditionell oder innovativer seinen Tee zu nehmen, wie man so sagt. Ohne Reservierungen geht in Hotels wie dem *Lanesborough,* dem *Savoy* oder dem kleineren, versteckten Schnuckelluxushotel *Althoff St. James* oft gar nichts. Dafür kann man dort schon einmal zwischen einem alten Adeligen mit elfenbeingriffigem Spazierstock und einer berühmten britischen Modedesignerin zu sitzen kommen. Im Althoff St. James etwa wird eine dreistöckige Etagere mit Mini-Himbeer-Vanille-Törtchen, winzigen Schokoschüsselchen mit Schokomousse und dem dekorativen Battenbergkuchen serviert, weiters – ganz klassisch – Scones mit Clotted Cream und Erdbeermarmelade sowie reinsortige Sandwiches mit Gurke, Lachs, Schinken und Ei. Das Gerücht, dass der Tee selbst in London schlecht sei, kann man in solchen Hotels nicht mehr unterschreiben, die Auswahl ist groß, die Qualität gut. Eine der innovativeren Adressen ist der Tearoom im *The Berkeley*, der es mit seinem „Prêt-à-Portea for Fashionistas" schon in die Vogue und Magazine vogueabwärts geschafft hat. Hier serviert man auf Porzellan von Paul Smith Taschen, Kleider oder High Heels aus bunt glasiertem Teig, jede Saison kommt eine neue süße Kollektion auf die Etageres, etwa ein Pfirsichtörtchen mit Champagnergelee, das von einem Valentinokleid inspiriert ist, oder ein neongelber Schoko-High-Heel von Christian Louboutin. Auch die rote Sohle fehlt nicht. Das Reservierungskärtchen auf dem Tisch ist ein pinker High Heel, das Publikum dementsprechend bestöckelschuht. Das *Brown's Hotel* hat indes eine Tea-Version für Figurbewusste (also eigentlich die Zielgruppe des Berkeley) ersonnen: den Tea Tox, zu dem es statt Scones mit Clotted Cream etwa Sanddorngelee mit Süßstoff gibt oder diverse Light-Sandwiches aus Vollkornbrot. Und wer hier die Champagnerversion wählt, bekommt einen Extra Brut, wegen der geringeren Kalorienanzahl. Andere Hotels bieten Themenspecials, etwa das *Claridge's* mit seinem Chelsea Flower Show Afternoon Tea oder dem Wimbledon Afternoon Tea. Ach ja, dass jedes Hotel behauptet, sein Afternoon Tea sei der beste von ganz London, war zu erwarten.

Und hoch das Bein, und hoch die Tasse!

Tanztee, aber anders

„Um Sonntagsgarderobe wird gebeten", heißt es in einem Infofolder zum Tanztee. Wir befinden uns aber mitnichten in einem Seniorenheim, in dem ein ebenfalls ältelnder Alleinunterhalter mit lauwarmen Scherzchen für Laune sorgt. Vielmehr haben wir es mit *Samova* zu tun, einem jungen Unternehmen aus Hamburg, das sich darum kümmert, dass man Tee nicht nur mit Vintage-Holzteekisten und Blümchentassen verbindet. Samova feierte 2012 seinen zehnten Tanztee. Und wo die Chefin erstens aus der Medienbranche kommt, zweitens fast ausschließlich Retro-Adidasjacken trägt und drittens mit einem Schlagzeuger verheiratet ist, darf man andere Rhythmen als Schunkel-Schunkel erwarten.

Die Samova-Tanztees sind ein Stück Teekultur der Zukunft. Jeder Tanztee steht unter einem Motto, das mit der Lancierung einer neuen Teemischung zusammenhängt. Als *Heidi's Delight*, eine Kräutermischung, auf den Markt kam, lud man zum Schweizer Tanztee. Mit Jodelwettbewerb, Alphorn-Funk einer jungen Schweizer Musikerin, DJs – und natürlich Tee. In Form von Cocktails oder warm in Whiskygläsern serviert. „So erreichen wir auch Männer", sagt Esin Rager, Gründerin von Samova. „Die würden nicht mit einer filigranen Tasse in der Hand herumstehen." Anlässlich der Fußball-WM 2006 in Deutschland etwa brachte Samova *Team Spirit* auf den Markt,

eine Grünteemischung, die es wie die meisten Samova-Tees assoziativ in sich hat: Lemongrass steht für den Rasen, Pfefferminze für die kühlende Wirkung nach der Anstrengung, Grüntee und Jatoba stehen für den Munterkeits-Kick. Der Tea(m) Spirit Freundschaftsball 2006 war Tanztee No. 8, es wurde gekickt, getanzt, ein Fanguide wurde präsentiert, man konnte ein Tee-Abo bestellen – und natürlich Tee trinken.

MarTEAni und der Hard Shake

Die eiskalte Welt der Teecocktails

Gemeinsam mit dem Hamburger Barkeeper Eyck Thormann entwickelten die Samova-Leute für die Tanztees eine Reihe an Teecocktails, jeweils Abwandlungen eines Klassikers. Im Gegensatz zu vielen Bars, in denen heute Cocktails auf Basis von hochprozentigen Tea-Infusions boomen (dazu später), enthalten die Samova-Teecocktails stets aufgebrühten und meist abgekühlten Tee aus dem eigenen Sortiment. Und sie bekommen kluge neue Namen, die zwischen dem Ursprungscocktail und dem verwendeten Samova-Tee eine Brücke schlagen. Der Klassiker *Americano* etwa, bestehend aus Campari und rotem Wermut, wird mit der Samova-Mischung *Canadian Beauty* aufgegossen und somit zur *American Beauty*. Aus der beliebten *Caipirinha* wird die *Teamspirinha*, mit dem schon erwähnten aromatisierten Grüntee Team Spirit. Und der *Long Island Iced Tea* – der bekanntlich in der klassischen Version keine Spur von Tee enthält, er erinnert nur farblich an Schwarztee – wird mit kaltem *Maybe Baby*, einem Früchtetee, aufgegossen und darf sich fortan *Ice Ice Baby* nennen.

Spirituosen mit Tee zu mischen – das kennen wir schon lange vom winterlichen Tee mit Rum und ähnlichen altmodischen Wärmespendern. Seit einigen Jahren aber setzen sich Barkeeper weltweit auffallend intensiv mit neuen Möglichkeiten rund um Tee auseinander. Nicht zuletzt dank dem Einfluss des *Japanese Bartending*. Die japanische Cocktailkultur war in letzter Zeit einer der wichtigsten Einflüsse in der internationalen Mixologist-Szene. Mit unendlicher Andacht wird dort hantiert, gleichzeitig widmet man sich mit hoher Konzentration dem Gast – was sogar dazu führt, dass in manchen Bars Ausländer nicht erwünscht sind, weil man glaubt, deren andere Anforderungen nicht erfüllen zu können, was als unhöflich gelten würde. Spirituosen werden in hohem und sehr exaktem, dünnem Strahl ins Glas gegossen, Eiswürfel sind rund, weil sie dergestalt weniger schnell schmelzen sollen, und die Schütteltechnik *Japanese Hard Shake* sorgt zusätzlich für ungewohnte Eiseskälte. Sogenannte Umami-Cocktails enthalten auch salzige Zutaten wie diverse Brühen auf Fisch- oder Fleischbasis, viele Drinks werden in Kalt-heiß-Schichten aufgebaut. Und was den Tee betrifft: In Japan sind Jasmintee oder andere Grüntees wie Matcha als Cocktailzutat

traditionell gang und gäbe. Nun arbeiten auch Mixologists in anderen Ländern mit den vielfältigen Aromen der verschiedensten Tees, vom blumigen Darjeeling über den Lapsang Souchong, der mit seiner kräftigen Rauchnote gewissermaßen an einen Lagavulin Whisky erinnert, bis zum weißen Tee, der mit Rosenblüten versetzt ist.

In Sachen Cocktailnamen kann man dem Tee nur dankbar sein: Rund um die Wörter Tee oder Tea sind schließlich viele Sprachspielchen möglich, von tea-licious bis hin zu Charitea. Ein Martini wird daher schnell zum – richtig kombiniert – Marteani, etwa wenn er Earl Grey und Absolut 100 enthält. (Für die ganz Begriffstutzigen schreibt man sicherheitshalber MarTEAni.) Eine Caipirinha wird zur CaiTearinha, ein Mojito zum MojiTea und so weiter.

Eiskalter Aufguss

Beim Arbeiten mit Tee und Alkohol gibt es nun einerseits die Aufguss-Möglichkeit: Man füllt Spirituosen mit – meist abgekühltem – Tee auf. Manche Barkeeper arbeiten auch mit Teekonzentraten in Kapseln, wie sie etwa die Firma Verity herstellt, oder mit Teesirups, die man bei Demmers Teehaus bekommt. Der Tee kann dann gleich kalt zubereitet werden und in Folge zum Beispiel Fruchtsaft oder cocktailtaugliche Limonaden wie Ginger Ale ersetzen. Ein Drink, der klassischerweise Cranberrysaft enthält, kann also auch mit Cranberrytee gemixt werden; das Aromaprofil ändert sich natürlich etwas, je nachdem, ob man reinen Früchtetee, Schwarztee mit Cranberryaroma oder dasselbe in Grün nimmt. Die Grundidee des Drinks ist aber analog. Der smarte britische Barconsulter Joe McCanta etwa entwickelte den *Swinging Oriental* mit Absolut Vodka, Jasmintee und Pfirsichsaft. Jasmin im Cocktail – ein ungewöhnliches Aroma, mittels Tee wird es möglich. Bergamotte zieht über Earl Grey in Bars ein, dieser Tee ist überhaupt einer der beliebtesten für Barkeeper. Meist gelangt das Aroma der Zitrusfrucht Bergamotte aber auf anderem Wege in die Cocktails, womit wir zur zweiten Möglichkeit für Teecocktails kommen.

Aromentransfer

„Dem könnte eine Infusion nicht schaden", spricht die Ärztin. Oder der Barkeeper. Was in medizinischen Belangen die Ultima Ratio ist, ist beim Cocktailmachen vielmehr das Tüpfelchen auf dem i. *Tea Infusions* sind derzeit in der internationalen Barszene eine der interessantesten Entwicklungen und wichtige Basis für neue Drinks. Für diese Infusions lässt man Teeblätter in Spirituosen ziehen. Wie lang und bei welcher Temperatur, da hat jeder Barkeeper andere Tipps, so mancher nützt sogar den Geschirrspüler, um die Flüssigkeit bequem auf eine moderate Temperatur zu bekommen. Das Ergebnis kann etwa ein Earl-Grey-infused-Gin sein oder ein Rum, der mit Rauchtee versetzt wurde.

Der neben den Kamelen kniet

Guerilla Tea Ceremony

Dass man die Schuhe ausziehen muss, ist man ja an einem Flughafen mittlerweile schon gewöhnt. Wenn man sie aber freiwillig auszieht, um sich auf eine Bambusmatte auf dem Boden zu knien, während rundherum Trolleys gezogen und Pässe aus Taschen genestelt werden – dann ist Pierre Sernet schuld. Der Künstler machte mit dem Konzept der Guerilla Tea Ceremony von sich reden. Ob am Flughafen Charles de Gaulle in Paris, ob in der Wüste von Rajastan, Indien, neben zwei Kamelen oder im Kaffeetrinkerland Italien auf einem belebten Marktplatz: Pierre Sernet schlägt im öffentlichen Raum seine Zelte auf, pardon, sein stilisiertes japanisches Teehaus, zusammengefügt aus Holzbalken. Wände hat sein Teehaus keine. Er lädt einzelne Passanten zu einer Tasse Matcha, nach der traditionellen japanischen Art mit dem Bambusbesen zubereitet. Während außerhalb des Kubus das Leben tobt, empfinden seine Gäste, im Inneren des Teehauses auf der Matte kniend, stets das Gefühl völliger Ruhe; Lichter und Lärmreize sind ausgeblendet. Wohlgemerkt, Sernets Teehaus hat keine Wände. Allein die Andächtigkeit, mit der die traditionellen Handgriffe angewandt werden, wirkt also wie ein Blitzableiter, der alle äußeren Einflüsse fernhält. Bitte bald einmal zu uns kommen!

Was sagt eigentlich George Clooney dazu?

Tee in Kapseln

„Tropfende Teebeutel oder gar loser Tee sollen damit der Vergangenheit angehören", schrieb eine Tageszeitung 2010 anlässlich der Meldung, dass Nestlé nun auch Tee in Kapseln fülle und bald auch bei uns eine eigene Teekapselmaschine auf den Markt bringen wolle. Was sind wir froh, dass dem entsetzlichen, bedrohlichen losen Tee endlich der Garaus gemacht wird, oder wie?

Im September 2012 war es nun so weit: Special.T wurde lanciert. Die Maschine ist einem chinesischen Fächer nachempfunden und kostet um die 100 Euro, zur Auswahl stehen über 25 Sorten Blatttee in Kapseln, darunter immerhin einige echte Tees wie Oolong, Yunnan, zwei verschiedene Sencha oder ein Pai Mu Tan, ein weißer Tee. Lästern ist als Teefreak zwar erlaubt, schließlich verhindert diese Maschine eines mäßig beliebten Großkonzerns das Riechen am losen Tee und das Ritual des Aufgießens, noch dazu könnte man meinen, dass Tee ja wohl wirklich nicht schwer zuzubereiten ist. Außerdem ist eine Tasse Kapseltee ziemlich teuer, verglichen selbst mit hochwertigem losen Tee. Allerdings ist die Special.T-Maschine so ausgeklügelt, dass sie anhand der Prägecodes auf den Kapseln erkennt, welcher Tee eingelegt wird, und Wassertemperatur sowie Ziehzeit anpasst. Für die Gastronomie daher vielleicht gar keine so schlechte Idee – wir kennen schließlich die Leiden der Teetrinker! Ob sich Kapseltee bei der weiblichen Zielgruppe durchsetzen wird, wird man sehen.

Der Konzern Cremesso, ebenfalls aus der Schweiz, ermöglicht den Konsumenten Tee aus Kapseln, ohne eine zusätzliche Maschine kaufen zu müssen: Man legt die Kapseln einfach in jene Maschine ein, die man auch für seine Kaffeekapseln verwendet. Eine Zeit lang gab es nur Kräuter- und Früchtetee, nun ist auch ein Ceylontee auf dem Markt. Der Tee kommt quasi schon fertig gezogen in die Tasse, und man kann ihn wie den Kaffee aus dieser Maschine sofort trinken, weil kein kochendes Wasser verwendet wurde, sondern solches in trinkfreundlicher Temperatur. Nachdem man nur eine Maschine für Tee und Kaffee braucht, ist das schmale Cremesso-Modell etwa für einen Urlaub in einem Apartment nützlich.

Pyramidenspiele und Mullbindenexzesse

Teebeutel

Sagt der kleine Tommy zum kleinen Peter: Was trinkt ein Känguruhbaby zum Munterwerden? Keine Ahnung, sagt der kleine Peter. Darauf Tommy: Beuteltee!

Hahaha. Oder kennen Sie den schon:

Gehen zwei Freundinnen ins Teegeschäft. Sieht die eine einen hübschen Teebeutel und sagt zur anderen: Schau, der passt genau in mein Beutelschema!

Was tut man nicht alles für eine passende Einleitung!

Wenn das bracheninterne Magazin einer Industriesparte von einer Revolution spricht, ist diese Nachricht immer mit Vorsicht zu genießen. Vor allem, wenn sich rund um den betreffenden Artikel Dutzende Inserate von Firmen drängeln, deren Verkaufszahlen vom Herbeischreiben der angeblichen Revolution profitieren. Wenn also das Branchenmagazin *Tea & Coffee* von einer Teebeutel-Revolution spricht und auf den Seiten vor und nach diesem Text Anzeigen von diversen Beutelherstellern zu sehen sind, die genau das Produkt anpreisen, das auch die Autorin in den Himmel lobt, darf man kurz stutzig werden. Der Teebeutel ist im Connaisseurbereich angekommen!, ist da zu lesen. Mit Teebeuteln kann man jetzt auch tollen Tee machen! Sie sind nämlich jetzt Pyramiden, nicht mehr langweilige flache Rechtecke! Pyramidenbeutel sind toll!, sagt die Autorin des Branchenmagazins. Das Allertollste!, sagen die Pyramidenbeutel-Anzeigen neben deren Text. Lasset uns jauchzen, feiern, jubilieren!

Was ist nun wirklich von den Pyramidenbeuteln zu halten, die in den letzten Jahren tatsächlich immer öfter zu sehen waren? Die Meinungen sind unterschiedlich.

Die Teefirmen, die Tee in Pyramidenbeutel (genau genommen Tetraeder, die „Pyramiden" haben ein Dreieck als Basis) abfüllen, und die Hersteller der Beutel werben vor allem mit einem Argument: In den Pyramidenbeuteln ist mehr Platz für die Teeblätter. Erstens haben also die Blätter die Möglichkeit, sich im heißen Wasser wörtlich zur Gänze zu entfalten, und auch mehr Wasser kann durch den Beutel strömen und alles aus den Blättern herausholen. Zweitens ist Platz für ganze Tee-

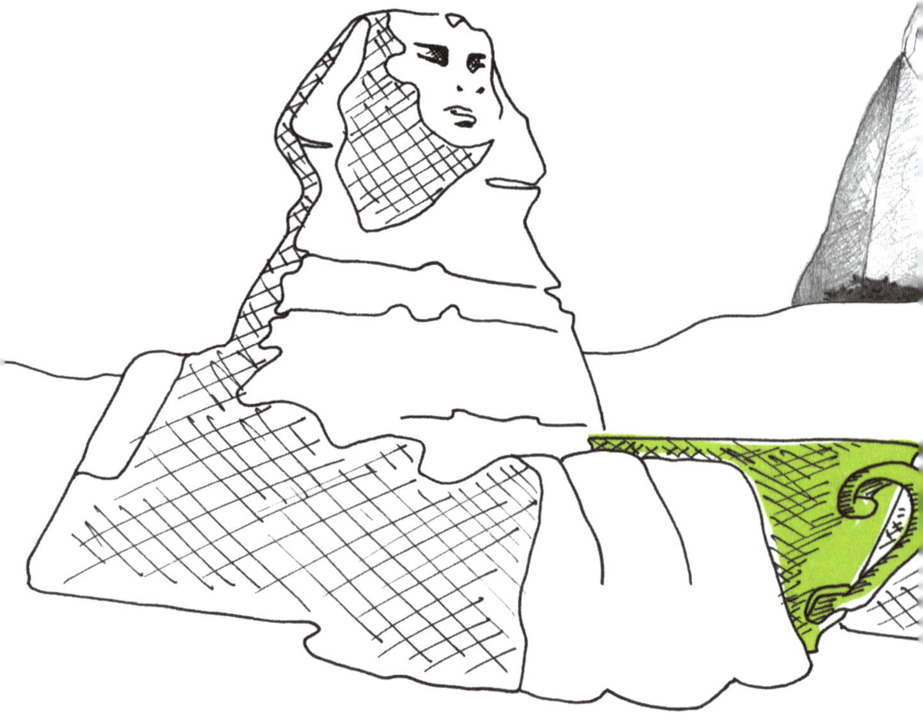

blätter, nicht nur für billigen Teestaub. Und ganze Blätter seien doch bitteschön das Beste, was einer Tasse Tee passieren kann. Drittens kann der Konsument sehen, was der Beutel enthält, da die meisten Pyramiden aus durchsichtigem Nylongewebe bestehen.

In der Sprache des unabhängigen Branchenmagazins klingt das freilich circa so: „Der Pyramidenbeutel kombiniert das Praktische mit perfektem Geschmack und ästhetischen Freuden. Der Konsument kann sich dank der Pyramidenbeutel fortan an einem wundersamen Schauspiel ergötzen, tanzende Früchte und schwebende Kräuter bilden mit dem in voller Pracht sich entfaltenden Tee eine perfekte Symbiose."

Die wenigen Kritiker oder zumindest Skeptiker des Pyramidenbeutelhypes führen hingegen folgende Argumente an: Nicht jeder großblättrige Tee ist automatisch gut. Man könne theoretisch schlechte, falsch verarbeitete Teeblätter im Ganzen – wie toll! – in diese trendigen Pyramidenbeutel füllen, und was hat man davon? Schlechten Tee. Andersherum könne man den besten Boden haben, die besten Teepflanzen, die perfekte Erntezeit, die perfekte Veredelung, also das beste Blatt – und die Blätter in der kleinsten Gradierung in herkömmliche enge Beutel füllen. Was soll daran schlecht sein, fragen die Pyramidenkritiker. Der Teestaub, die kleinste Blatt-Gradierung, ist nämlich gar nicht so verdammenswert, sagen sie. Ihm haftet nur hartnäckig das Gerücht an, die aufgekehrten Reste aus Teafactorys etwa in Indien oder Sri Lanka zu sein. Manch ein Tee-

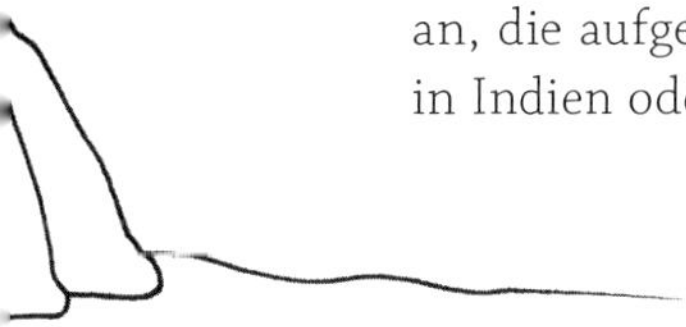

händler mag zwar zwecks Zurschaustellung von Weitgereistheit und als diskreten Hinweis auf die Qualität seiner eigenen Blatttees schwören, er habe einmal leibhaftig und unter Aufbietung sämtlichen Augenlichts gesehen, wie in einer Factoryhalle an beiden Enden die Türen aufgerissen wurden, damit der Staub/Dust vom Boden aufgewirbelt wird, woraufhin die Mitarbeiter wie aufgescheuchte Hühner herumliefen und wie bei „Moneymaker" und ähnlichen Vorabend-Fernsehshows die Reste mit aufgespannten Säcken einsammelten. Tatsächlich ist es wohl eher so, dass Dust in den meisten Fällen einfach das ist, was beim Sieben für die verschiedenen Blattgrade bis zuunterst durchrieselt. Und dann in Beutel gefüllt wird. Keine Pyramidenbeutel. Wie das mit der Extraktion von sehr kleinblättrigem Tee ist, fragen die Pyramidenkritiker aber bitte einen Tee-Experten.

Die neuen, größeren Beutel brauchen mehr Platz als die gut in Schachteln schlichtbaren flachen Teebeutel, was höhere Transport- und Lagerkosten bewirkt, lautet ein weiteres Gegenargument. Die Kritiker der Pyramidenbeutel sind wohl in der Minderzahl und männlich, gewiss sind es nämlich vor allem Teetrinkerinnen, die die neuen Beutel lieben. Frauen lieben ja auch große Handtaschen, nicht? Der Pyramidenbeutel als neue Tote Bag. Und Teefirmen werden so schnell nicht davon ablassen. Sie haben nämlich ein neues Lieblingsspielzeug: die Verpackungsmaschine von Fuso, die losen Tee mit einer ominösen *ultrasonic wave seal cutting technology* abpackt. Habt ihr schon eine?, raunt man sich auf Teemessen zu. Vielleicht haben die Kritiker der Pyramidenbeutel einfach kein Geld für eine solche Maschine?

Teebeutel sind jedenfalls in den letzten Jahren ein wenig zum Spielfeld für Jungdesigner geworden: Eine schneidert Beutel in Form von T-Shirts, die sie folgerichtig Tea-Shirts nennt, und hängt sie auf Minikleiderbügeln an einer Ministange in eine Schachtel. Donkey Products ersann die unglaublich erfolgreiche Tea-Party-Serie, die in jedem, aber auch wirklich jedem Spaßdesign- und Geschenkartikelversandhaus zu finden ist: Teebeutel mit Oberkörpern berühmter Personen aus Karton. An den inneren Rand einer Tasse hängen sich also lässig Angela Merkel oder Karl Lagerfeld, Audrey Hepburn oder Mutter Teresa.

Ein anderer Trend sind die aus Baumwolle gewebten Musselin-Beutel. Pariser Nobelteemarken waren unter den ersten, die sie einsetzten, vielleicht gelten diese Beutel deshalb als besonders edel. Obwohl sie ja irgendwie an den Rest eines Verbands erinnern, der beim Trinken in die Tasse gefallen ist.

Earl-Grey-Pralinen oder Hot Chocolate Chai

Schokolade und Tee

Zwei Lebensmittel, die gemeinsam mit Kaffee die drei großen nichtalkoholischen Genussmittel bilden, sieht man von Zigarren einmal ab. Zwei Lebensmittel, die man immer häufiger zusammen antrifft, sei es, dass Tee auf Hausbesuch bei Schokolade ist, sei es, dass Schokolade sich zum Tee gesellt. Und nicht immer ergibt das eine harmonische Liaison, vor allem Puristen sind skeptisch.

Teeschokoladen und Teepralinen sind nicht nur dank der breiten Matcha-Einführung durch Firmen wie Aiya in Mitteleuropa Thema. Matcha wird, in Marzipan geknetet, in dunkle Kuvertüre gehüllt, und Matcha wird mit Milchschokolade gepaart. Optisch macht sich das japanische Teepulver freilich am besten in weißer Schokolade, geschmacklich setzt es sich hier auch am besten durch. Vermutlich deswegen, weil weiße Schokolade in Wirklichkeit keine richtige Schokolade ist, fehlt ihr doch die dunkle Kakaomasse. Sie enthält nur Kakaobutter und Zucker und lässt daher den herben Matcha-Geschmack stärker wirken. Versetzt man dunkle Schokolade mit Matcha, gerät der Gaumen etwas mehr in Verwirrung, die hochprozentige Kakaomasse ist herb, der Matcha ist es ebenfalls, wo ist der Sinn des Ganzen, könnte man fragen.

Außer Matcha ist besonders Earl Grey ein beliebter Partner für Schokoladeprodukte geworden, er wird meist in Pulverform zugesetzt, dasselbe Pulver wird für Bubble Tea verwendet. Berühmte belgische Chocolatiers wie Wittamer oder Pierre Marcolini und andere Schokoladeproduzenten setzen das charakteristische Aroma der italienischen Zitrusfrucht immer öfter ein. Auch Sencha, Rooibos, Jasmintee oder Matetee nutzt man, um die Schokoladepalette zu erweitern.

Schokolade ist ihrerseits auch nicht schüchtern und tastet sich in Teemischungen vor. Bevor man sich jetzt fragt, wie funktioniert das, die Schokolade schmilzt ja im heißen Wasser...: Nicht Schokoladestücke werden dem Tee beigemischt, sondern Kakaonibs, also zerkleinerte Kakaobohnen, und oft auch Aroma. Die Teemischungen enthalten meistens auch jene Gewürze, die in der traditionellen heißen Schokolade der Azteken enthalten sind, also etwa Chili, und nennen sich folgerichtig „Some like it hot", „Hot Chocolate" oder „Spicy chocolate". Der Geruch dieser Schokoladetees ist mitunter gewöhnungsbedürftig, und für echte Puristen sind diese Mischungen nichts, aber so manch ein Teeliebhaber soll schon auf den Geschmack gekommen und nun richtig süchtig danach sein. Schokoladetees werden vor allem als kalorienloser Dessertersatz getrunken oder mit ein bisschen mehr Kalorien, wenn man sie zuckert und mit Milch trinkt. Die Reaktionen, die man zu dieser Art der aromatisierten Tees im Internet findet, sind einander übrigens erstaunlich ähnlich: Der Geruch stimme nicht mit dem Geschmack überein, und man müsse ein wenig herumexperimentieren, in welcher Form man Schokoladetee am besten genieße. Manche schlagen vor, ihn mit Vanillemilch zu mischen, egal ob von Kuh oder Sojabohne, andere süßen ihn extra stark, um eine Art heiße Schokolade zu erhalten, von der sie aber dann wegen des nicht so vollmundigen Geschmacks doch wieder enttäuscht sind. Geht man vom Polarisierungsgrad aus, kann man wohl von einem spannenden Produkt sprechen, das noch lange nicht ausgereizt ist. Schließlich ist die Kakaovielfalt auch ein Klugscheißerthema. Venezuela, Ecuador oder Elfenbeinküste, Criollo- oder Forasterobohne. Kombinationen aus Kakaonibs, Tees und Gewürzen gibt es theoretisch nahezu unendlich viele. Möglicherweise sind also Schokoladetees doch Tee-Nerd-geeigneter als bisher angenommen.

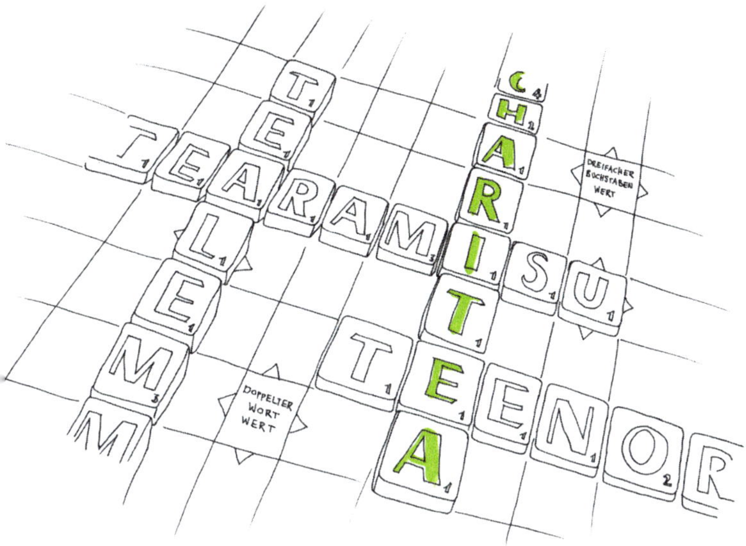

Der Customised-Trend

Tee zum Selbermischen

Beim Müsli wirbt man mit Rosinenfreiheit, bei Schokolade mit schrägen Toppings wie Himbeermarshmallow-Brustwarzen, beim Tee mit Jasminaroma nach Wunsch: Unternehmen, die Lebensmittel zum Selbstgestalten anbieten, werden immer mehr. Auf *allmytea.de* etwa warten 200 Zutaten auf angeblich 5 Milliarden Kombinationen. Die meisten braucht zwar kein Mensch, und nicht umsonst ist das Mischen von Tees und das Aromatisieren (oder Parfümieren, wie die Franzosen viel eleganter sagen) eine Wissenschaft, die jahrelange Erfahrung braucht, aber was macht das schon, wenn ein neues, lustiges Geschäftsmodell wartet! Starten wir also das Experiment und mischen wir einen gaaanz persönlichen Tee für eine Freundin, denn schließlich ist so ein personalisierter Tee wie so ziemlich alles, was verkauft werden soll, „das ideale Geschenk". Wir klicken uns als Basis einen erdigen Yunnan herbei. 100g um 3,30 Euro. „Und jetzt fängt der Spaß erst richtig an!", jauchzt der Betreiber. Juhuuu! Geben wir also nach Lust und Laune Zitronengras dazu, Fenchel, Haselnussblätter (die Freundin wollte bestimmt schon immer wissen, wie die schmecken, egal, ob sie zum Yunnan passen oder nicht – Spaß muss es machen, jippie!), und Walderdbeerblätter. Mittlerweile stehen wir bei 5,54 Euro, und aus der Kräuterabteilung haben wir genug gewählt. Nehmen wir Hibiskusblüten dazu, die sind hübsch, Kamille, weil diese an die Kindheit erinnert, und Lavendel, weil die Freundin doch letztes Jahr in der Provence war. 7,23 Euro für 100 g Tee. Wir wollen nicht knausrig sein, Geburtstag feiert man nur einmal im Jahr. Also ab zur Früchteabteilung. Bananenstücke und Sauerkirschen schaden sicher auch nicht, je mehr, desto persönlicher, nicht? Unter „Sonstiges" finden wir noch Kokosraspeln für den exotischen Touch – die Freundin trinkt so gern Piña Colada in der Cocktailbar im Einkaufszentrum – und hier streikt bereits das Bestellsystem, schade, Vanille wäre noch nett gewesen, mag doch wohl jeder! Na gut, dann jetzt noch die Aromen. Brombeer klingt spannend, Kiwi nehmen wir auch dazu, und abrunden tun wir das Ganze mit After-Eight-Aroma. 100g Tee um 8,55 Euro, so viel würden wir in einer Teehandlung zwar nie für diese kleine Menge ausgeben, aber wie gesagt, was soll's! Die Freundin wird dieses spezielle Geschenk zu schätzen wissen! Sie sollten sich nur schon darauf vorbereiten, dass Sie, wie in der berühmten Geschichte über eine Pralinenschachtel von Ephraim Kishon, ebendiese persönliche Teemischung bald über eine Cousine der Schwester der Freundin zurückgeschenkt bekommen.

Ein Tupfer Assam hinters Ohr

Teeparfums

Die Frage „Welcher Tee darf's sein?“ kann heute nicht nur in Teehandlungen oder Cafés gestellt werden. Auch Parfumerien servieren eine Auswahl an Tee – auf Papierstreifen und in Flakons. Marken wie Bulgari brachten in den letzten Jahren Teeparfum-Kollektionen auf den Markt und forcierten damit das Image von Tee als schicker Zutat.

Die *Tea Collection* von *Jo Malone* etwa, mittlerweile nicht mehr regulär im Handel erhältlich, enthält fünf Düfte, darunter *Assam & Grapefruit* oder *Earl Grey & Cucumber*, in Anlehnung an den Afternoon Tea, zu dem klassischerweise Gurkensandwiches gehören. *Sweet Milk* ist ein weiteres Parfum aus dieser Kollektion, das von echtem Tee inspiriert ist. „Besonders für Kleinkinder geeignet“ fehlte hier allerdings als Vermerk auf dem Flakon. *Hermés* stieg mit *Hermessence Osmanthe Yunnan* ebenso auf den Zug der Teeparfums auf wie *Comptoir Sud Pacifique's* mit *Ecume de Thé* oder *Jean-Charles Brosseau* mit *Thé Brun*, das unter anderem nach Bergamotte und dem Rauchtee Lapsang Souchong riecht. Und die Kollektion *Tea Party* von *Bulgari* besteht aus dem Trio *Thé Vert, Thé Blanc* und *Thé Rouge* und verlockte Parfumschreiber zu (in der Branche üblichen) äußerst blumigen Rezensionen: Thé Rouge etwa „gibt eine Tasse Tee in Haiku Manier wieder“ oder sei „die Andeutung von Dampf, der sich in grazilen Wirbeln über den Rand erhebt“... Alles klar?

Lapsang Souchong in der Pfanne

Kochen mit Tee

In manchen dieser neuen Grünteelokale wie dem *cha no ma* in Wien, die diverse Matcha-Variationen sowie japanische Snacks anbieten, kann man Tee sogar essen. Und zwar wirklich das Teeblatt selbst, nassen aufgegossenen Sencha. Meistens beschränkt sich aber das Thema Tee im Essen auf die aromatische und die farbgebende Funktion: Immer öfter verwenden Köche und Köchinnen Earl Grey, Lapsang Souchong, Rooibos oder natürlich Matcha. Ein Trend, der noch lange nicht ausgereizt ist, was man unter anderem daran erkennt, dass der an sich vollkommen übersättigte Kochbuchmarkt in dieser Nische noch äußerst spärlich bestückt ist. Auf Foodblogs ist man schon weiter: Ganze Menüs mit Tee als Zutat sind hier zu finden, von Sencha-Steinbutt mit Matcha-Mayonnaise bis zur in Assam pochierten Birne mit Assam-Karamellsauce. Und auch Kochkurse widmen sich schon dem Tee als Zutat für Hühnerbrust mit Darjeeling-Lasur oder Rooibos-Mousse mit Earl-Grey-Gewürzorangen.

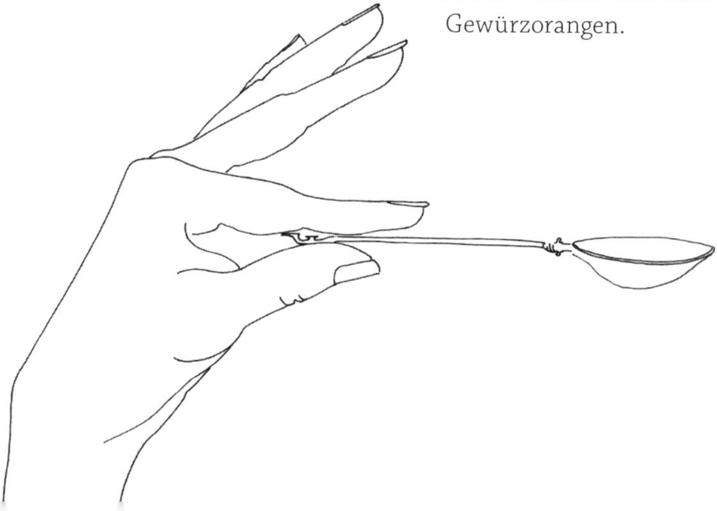

Matcha ist sicher der Tee, der am häufigsten Zutat in Kochrezepten ist, weshalb auch dieses Büchlein zahlreiche Rezepte mit Matcha enthält. Und als Pulver ist dieser Tee natürlich in der Küche besonders leicht anzuwenden. Man muss nichts ziehen lassen, nichts abseihen. Man mischt einfach das Pulver unter süße Cremes, unter Würzpasten für Fisch oder in Kuchenteige. Knifflig ist nur die Neigung des Matcha zum Klumpen, viele Rezepte sehen daher vor, dass das grüne Teepulver zuvor mit Kristallzucker oder Salz gut verrührt wird und erst dann flüssigen Massen beigemengt wird.

Neben Matcha sind auch Earl Grey und Lapsang Souchong gern gesehene Gäste in Gerichten: Kein Wunder, die Aromen dieser beiden Tees sind sehr speziell. Der mit Bergamotteöl parfümierte Earl Grey wird meist für Desserts und Kuchen eingesetzt – man lässt zum Beispiel die Teeblätter in Sahne/Obers ziehen, seiht sie ab und verarbeitet die aromatisierte Masse weiter zu Crème brûlée oder Eis. Aber auch weißfleischiger Fisch oder Huhn kann in Earl Grey pochiert werden und so mit Bergamottearoma aufgemotzt werden.

Köche, die sich schon an Gerichten mit Tees versucht haben, berichten von Schwierigkeiten der Dosierung: Man braucht, damit man das Aroma später auch wirklich schmeckt, einen kräftigen Aufguss, dieser darf aber nicht bitter sein. Viel Tee also auf wenig Wasser und eine kurze Ziehzeit, lautet die Regel.

Das Arbeiten mit Lapsang Souchong ermöglicht ein mehr oder weniger dezentes Raucharoma, ohne dass man einen Griller oder Räucherofen braucht. Die exakte Anwendung muss freilich ausgetüftelt werden, erstens gibt es unterschiedlich stark rauchige Tees, und zweitens spielt es eine Rolle, wie lange Fisch (Lapsang-„Räucherlachs!"), Fleisch, Gemüse, Milchprodukte oder was man sonst als Aromaträger verwendet, im Lapsang-Souchong-Sud bleiben. Rooibos wiederum passt gut zu dunklem Geflügel wie Ente – vor allem, wenn er mit Orangenaroma versetzt ist, die klassische Ente à l'Orange lässt grüßen.

Womit wir bei einem Aspekt wären, der Küchendogmatikern sauer aufstoßen könnte: Wenn Tee als Koch- oder Backzutat verwendet wird, ziehen auch Aromastoffe in die Küche ein – und in vielen Spitzenküchen ist das mittlerweile ein No-go. Man nimmt einen stark aromatisierten Tee – ein Lokal in Hamburg, das mit Tee kocht, vertreibt gleichzeitig völlig übertrieben aromatisierten Tee, der einen nach Öffnen der Teedose regelrecht einen Schreckschritt zurückwirft – , würzt damit eine Salatsauce, eine süße Creme oder was immer und kann dennoch stets auf die Unschuldslamm-Ausrede zurückgreifen, „ich hab ja nur mit Tee gekocht". Vielleicht sollte man das Kochen mit aromatisiertem Tee aber weniger als Problem sehen denn vielmehr als Potenzial. Schließlich kann man immer noch selbst entscheiden, welchen Tee man zum Kochen kauft. Und vor allem ein ganzes Teemenü hätte schon seinen Reiz...

Was macht die Kuh im Tee?

Tee zum Löffeln

Salzgriesisch, eine ausgestorbene Wiener Sprache, wurde von der Autorin und Illustratorin Andrea Dusl für die Nachwelt dokumentiert. Salzgriesisch sprach man nur in der Marc-Aurel-Straße im ersten Wiener Bezirk, solange Herr Peter (er nannte sich Per Heter) im Lokal „Salzgries" servierte. Man trank dort Heubad (Kräutertee) oder eine Hopfenkaltschale (also Bier), aß Heiße Wiese (Spinat), Aufgetrennten Pullover (Spaghetti) oder Fleischtee mit Palatschinkenlametta (Rindssuppe mit Frittaten). Man könnte meinen, dass in jüngster Zeit auf deutschen Speisekarten das Salzgriesisch eine Renaissance erfährt: Denn nicht nur wenn

ein Österreicher in Berlin kocht (wie Siegfried Danler im Steakhouse Grill Royal), isst man seit neuestem Fleischtee. Oder Beef Tea, was natürlich gleich ganz anders klingt. Während Per Heter aber einfach aus Freude an der Sprachspielerei Suppe Fleischtee nannte, bezeichnet der Beef Tea, wie man ihn derzeit etwa auch bei Sternekoch Juan Amador bekommt, tatsächlich eine andere Zubereitungsart für Brühe. Beef Tea ist also doch ein bisschen mehr als nur ein schlechter Anglizismusscherz. Für die klassische Version werden nämlich Rindfleisch und Wurzelgemüse durch den Fleischwolf gedreht und in Einweckgläsern stundenlang in Wasser ausgelaugt. Für Ententee, wie ihn Cornelia Poletto kocht, braucht es neben Entenfond und Sherry tatsächlich auch Darjeelingblätter. Es ist bestimmt nur eine Frage der Zeit, bis auch der Mongolische Tee von hiesigen Köchen abgewandelt wird und auf die Speisekarten gesetzt wird. Der ist nämlich eigentlich eine Art Milchsuppe mit Teeblättern. Au ja. Und all diese Tees trinkt man nicht, man löffelt sie.

Gang für Gang

Tee als Menübegleitung

Mit diesem Trend können nicht alle etwas anfangen: Tee als Menübegleitung, als alkoholfreie Alternative zu Wein. Vor allem in der Fastenzeit haben immer mehr Gastronomen eine Teebegleitung auf der Karte. Besonders häufig wird dieses Angebot aber noch nicht genützt. Manche Lokale servieren Tee klassisch heiß in der Kanne mit Tasse, andere lassen die zum jeweiligen Gericht ausgesuchte Sorte lieber abkühlen und füllen den Tee in Champagner- oder andere Gläser. Wie kann eine solche Teebegleitung zum Menü nun aussehen?

Würde man sich auf echten Tee beschränken und wäre man ein Anhänger der beim Wein etablierten Steigerung von leicht zu kräftig, könnte man als Gastronom etwa wie folgt verfahren: Beim ersten Gang beginnt man mit einem Pai Mu Tan (einem weißen Tee), als Nächstes serviert man vielleicht einen Sencha, setzt das Menü mit Oolong und Darjeeling als Speisebegleitung fort, um bei einem dunklen, malzigen Assam zu enden. Aber, wenden jetzt kulinarische Tiefschürfer ein: Passt das dann zu den einzelnen Gängen, würde das den Geschmacksprofilen der Tees gerecht werden? Wäre nicht der grasige Sencha beim Hauptgang, einem Steinbutt mit grünem Gemüse, besser aufgehoben als beim Steinpilzsoufflé, zu dem doch ein nussiger Darjeeling mit leichten Muskatanklägen viel besser passen würde? Wäre nicht zum Pfirsichparfait als letztem Gang ein Oolong mit einem natürlichen Pfirsichton (dieser wird den besten Oolongs oft zugeordnet) die bessere Wahl als der kräftige Assam? Den Tee schlicht dem Aromabild der jeweiligen Gänge anzupassen, dürfte die sinnvollere und für den Gast befriedigendere Variante sein. Schließlich soll bei einem Abendessen in einem Restaurant der Tee das Essen bestmöglich begleiten und nicht der Tee im Vordergrund stehen.

Anders verhält es sich bei einer Teeverkostung mit Speisebegleitung. Dann würde man, um die Zartheit eines zu Beginn servierten weißen Tees zu schützen, einen nur leicht gewürzten Tofu dazu servieren – einen Gang, mit dem man ein Genussmenü samt Teebegleitung nicht beginnen wollen würde.

Wenn über Tee als Speisebegleitung die Nase gerümpft wird, liegt das meist daran, dass warme Getränke zum Essen zwar in vielen Gegenden Asiens gang und gäbe sind, wir aber mit kaltem Bier, kalten Säften und kaltem oder höchstens zimmerwarmem Wein sozialisiert wurden. Ein warmes Getränk zum Essen mögen zwar Ernährungsberater toll finden, viele Genießer halten es aber einfach für – tja, bäh. Vielleicht bringt man sie mit *cold brewed tea* oder einfach abgekühltem und in Stielgläsern serviertem Tee ja doch auf den Geschmack? Ach ja, das mit dem Schlafenkönnen nach so viel abendlichem Tee müsste auch noch gelöst werden.

Die zehn Rechte des neuen Teetrinkers

1. Ich darf meinen Tee mit Milch und Zucker trinken.
2. Ich darf Pu Erh scheußlich finden. Ich muss ihn aber richtig schreiben.
3. Ich darf aromatisierten Tee trinken. Ich darf es nur meiner Facebook-Tee-Nerd-Gruppe nicht mitteilen.
4. Ich darf Bubble Tea lustig finden. Auch wenn ich über fünfzehn bin.
5. Ich darf Teebeutel kaufen.
6. Ich darf die Geschichte des Tees langweilig finden. Der Mönch und der Kaiser sind sicher nicht beleidigt, die sind eh schon tot.
7. Ich darf den ach so edlen weißen Tee als völlig geschmacksneutral bezeichnen.
8. Ich darf es schön finden, wenn Teekugeln im heißen Wasser zu Teeblumen werden.
9. Ich darf Tee auch einmal nur wegen einer hübschen Dose kaufen.
10. Ich darf Kaffee trinken.

Erste-Hilfe-Maßnahmen für Teedogmatiker: Schließen Sie das Buch und Ihre Augen und legen Sie sich flach auf den Boden, bis Hilfe naht. Der Sanitäter kennt Sie ja schon.

Wie fein es ist, alte Gewohnheiten über den Haufen zu werfen!

Cocktails

Swinging Oriental

(von Joe McCanta)

5 Teile Absolut Vodka
3 Teile starker, abgekühlter Jasmintee
3 Teile Pfirsichsaft
1 Spritzer Zitronensaft
1 Spalte frischer Pfirsich

Alle Zutaten mischen und über Eis in ein Longdrinkglas geben. Mit einem Teil eines frischen Pfirsichs garnieren.

Swedish Astronaut

(von Sebastian Latin)

4 cl Absolut Vanilia
1,5 cl frisch gepresster Zitronensaft
0,5 cl Zuckersirup
0,5 cl Monin Chai Sirup
4cl sehr starker, gekühlter Earl Grey, etwa von Demmers Teehaus
1 Stk. Bio-Orangenschale

Die Zutaten auf Eis schütteln, in eine Cocktailschale abseihen. Die Bio-Orangenschale über dem Cocktail zusammendrücken, sodass die ätherischen Öle über dem Glas herausspritzen.

Cranberrolitan

3 cl Absolut Citron
2,5 cl abgekühlter Cranberry-Früchtetee
1 cl Limettensaft
1,5 cl Cointreau
1 cl Demmer Eisteesirup Rooibos-Cranberry

Alle Zutaten auf Eis schütteln, in ein Martiniglas abseihen.

Salty Dog Matcha

5 cl Absolut 100
15 cl Grapefruitsaft
½ TL Matcha-Pulver, z. B. von Aiya
1 Prise Salz

Alle Zutaten auf Eis schütteln. Abgießen, in einem Longdrinkglas mit Eiswürfeln servieren.

Ginger Mandrin

2 Teile Absolut Mandrin
2 Teile abgekühlter starker Ingwer-Grüntee, z.B. von Demmers Teehaus
1 Teil Ananassaft
1 Spritzer Limettensaft
Limettenspalte

Alle Zutaten auf Eis schütteln.
In einem Longdrinkglas mit Eiswürfeln und einer Limettenspalte servieren.

Cosy Rosie

1,5 cl Absolut Vodka
1,5 cl Absolut Raspberri
1 gehäufter EL loser Chinarosentee
1,5 cl Zitronensaft
1,5 cl Cointreau

Wodka einige Stunden mit Chinarosentee im Kühlschrank ziehen lassen. Abseihen, eine Rosenknospe oder ein großes Rosenblatt aus dem Teeaufguss aufbewahren.
Mit den restlichen Zutaten mixen. Auf Eiswürfeln servieren, mit der Rosenknospe oder dem Rosenblatt garnieren.

Auf der Homepage von Absolut Vodka finden sich übrigens nicht weniger als 75 Cocktailrezepte mit Tee.

Speisen

Jasmintee-Panna-cotta

Für 4 Personen

400 ml Obers/Sahne
15 g Jasmintee
35 g Zucker
4 Blatt Gelatine
100 g Mascarpone

Obers/Sahne aufkochen lassen, den Zucker dazugeben, 5 Minuten abkühlen lassen.
Den Jasmintee dazugeben und 10 Minuten ziehen lassen.
Die Gelatine in kaltem Wasser einweichen.
Das Jasminteeobers durch ein Sieb in eine Schüssel gießen und die Gelatine darin auflösen. Falls das Obers nicht mehr warm sein sollte, zuvor kurz erwärmen.
Mascarpone unterrühren und die Masse in Schalen oder Gläser füllen.
Im Kühlschrank 4 Stunden fest werden lassen.

Teesorbet

10 g schwarzer Tee, nicht aromatisiert
10 g grüner Tee
20 g frische Minze
1 Pkg. Vanillezucker
125 g Kristallzucker
1 Vanilleschote
1 Zimtstange
1 daumengroßes Stk. Ingwer, grob gerieben
25 ml Rum
60 ml Orangensaft
60 ml Zitronensaft
100 ml Obers/Sahne
2 Blatt Gelatine

Einen halben Liter Wasser mit Zucker, Vanillezucker aufkochen, den Tee und die Gewürze dazugeben und das Ganze etwa 7 Minuten ziehen lassen.
Abseihen, den Orangen- und den Zitronensaft einrühren, etwas auskühlen lassen, bis alles lauwarm ist.
Die Gelatine in kaltem Wasser einweichen, ausdrücken und unterrühren.
Das Obers/die Sahne schlagen und mit dem Rum unter die Masse rühren.
In einer Eismaschine oder im Tiefkühlfach frieren (siehe Matcha-Eis).

Mohnknödel in Weihnachtstee

Für 4 Personen

150 g gemahlener Mohn
130 g geriebener Apfel
60 g Butter
250 ml Milch
70 g Kristallzucker
120 g Toastbrot ohne Rinde, in kleinen Würfeln
2 Dotter
1 Ei
1 Msp. Zimt
1 Prise Nelkenpulver
eventuell 1–2 EL Brösel

50 g weihnachtlicher Früchtetee
400 ml Rotwein
150 g Kristallzucker
Saft einer Zitrone

Die Milch mit 70 g Zucker und den Gewürzen aufkochen, den Mohn und den geriebenen Apfel gut einrühren, auskühlen lassen.
Butter mit Ei und Dottern vermischen, mit dem Toastbrot verkneten, dann erst mit der Mohnmasse verkneten.
Einen Liter Wasser aufkochen, 10 Minuten mit dem Früchtetee, dem Rotwein und 150 g Zucker köcheln lassen, den Zitronensaft dazugeben, abseihen.
Aus der Mohnmasse kleine Knödel formen – am besten mit nassen Händen –, im leicht wallenden Tee 10 Minuten garen.
Dazu passt Vanilleobers/-sahne.

Tee-Eier

6 Bioeier
1 EL Lapsang Souchong (chinesischer Rauchtee)
2 EL Sojasauce
1 TL Pfefferkörner
5 Sternanis
1 Zimtstange

Etwas mehr als einen halben Wasser mit den Eiern zum Kochen bringen, 4 Minuten kochen lassen.
Die Eier herausnehmen und die Schale vorsichtig so anschlagen, dass sie ein Netz aus Sprüngen bekommt.
Die Eier ins Wasser zurücklegen und die restlichen Zutaten hinzufügen.
2 Stunden zugedeckt sieden lassen, bei Bedarf etwas Wasser nachgießen.

Tearamisu

Für 6 Personen

4 Eidotter
2 Eiklar
60 g Staubzucker
40 g Kristallzucker
500 g Mascarpone
30 Biskotten
250 ml abgekühlter Irish Dram Tee von Demmers Teehaus
Kakao zum Bestreuen

Eidotter mit Staubzucker schaumig rühren, Mascarpone langsam einrühren. Eiklar mit Kristallzucker zu Schnee schlagen, diesen unter die Masse heben. Im Tee die Biskotten tränken, Boden der Form damit auslegen.
Einen Teil der Creme einfüllen, glatt streichen, abwechselnd Biskotten und Creme einfüllen.
Die letzte Lage ist Creme, diese glattstreichen. 2 bis 3 Stunden im Kühlschrank ziehen lassen. In Rechtecke schneiden und kurz vor dem Servieren mit Kakao bestreuen.

Crème brûlée
in Tee-Variationen

Für 6 Personen

300 ml Obers/Sahne
160 ml Milch
3 Dotter
80 g Kristallzucker
6 EL brauner Zucker
etwa 2 EL Teeblätter mit kräftigem Aroma, zum Beispiel Earl Grey, Jasmintee, Masala Chai oder auch aromatisierter Rooibos oder Verveine

Milch und Obers/Sahne erwärmen, den Tee zugeben, auskühlen und 2–3 Stunden im Kühlschrank ziehen lassen.
Dotter und Kristallzucker unterrühren.
Das Backrohr auf 100 Grad vorheizen.
Die Flüssigkeit abseihen und vorsichtig in flache, feuerfeste Förmchen gießen.
Im Backrohr eine Stunde fest werden lassen, gut abkühlen lassen.

Erst knapp vor dem Servieren die Creme flach und gleichmäßig mit braunem Zucker bestreuen, Überschuss eventuell vorsichtig abschütteln und mit einem Bunsenbrenner karamellisieren. Sofort servieren.

Zu den Schwarztee- und Rooibos-Versionen passt im Winter zum Beispiel ein beschwipster Fruchtsalat. Dafür getrocknete Früchte wie Apfel, Feige, Rosinen, Datteln in kleine Würfel schneiden, mit heißem Apfelsaft und Apfelbrand oder Rum aufgießen, gut durchziehen lassen.
Im Sommer oder zu den frischeren Versionen der Crème brûlée (Jasmin, Verveine) passen rote Beeren, die man mit etwas Zucker und einer Spur gesiebter Maisstärke kurz köcheln lässt und ausgekühlt dazu serviert.

Matcha-Eis

Für 4 Personen

2 gestrichene EL Matcha in Kochqualität, etwa von Aiya
130 g Kristallzucker
3 Dotter
150 ml Milch
250 ml Obers/Sahne

Den Matcha mit der Hälfte des Zuckers so gut vermischen, dass keine Klümpchen zurückbleiben.
Dotter mit dem restlichen Zucker schaumig rühren.
Die Milch erhitzen und vorsichtig unter die Matcha-Zucker-Mischung rühren, diese Masse in einigen Portionen zur Dotter-Zucker-Mischung geben.
Das Obers/die Sahne schlagen und unterheben.
In einer Eismaschine frieren oder in einer flachen Metallform für einige Stunden ins Tiefkühlfach stellen, immer wieder gut durchrühren. So verhindert man, dass sich Kristalle bilden, das Eis wird cremig.

Matcha-Tarte

Für den Tarteboden:
180 g Butter, Zimmertemperatur
2 Eier
25 g Kristallzucker
250 g Mehl
1 große Prise Meersalz
evtl. 2 EL Milch

Für die Matcha-Fülle:
1 gehäufter EL Matcha in Kochqualität
1 Eiweiß
125 g Ricotta
6 EL Kristallzucker
1 EL Mehl

Für den Tarteboden die trockenen Zutaten mischen, mit Eiern und Butter rasch zu einem Teig kneten, eventuell Milch dazugeben.
Den Teig ausrollen, eine Tarteform einfetten, mit dem Teig auskleiden, dabei den Teig auch entlang der Ränder hochziehen. Kühl stellen.
Das Backrohr auf 170 Grad (Ober- und Unterhitze) vorheizen.
Für die Fülle Ricotta mit Mehl und 3 EL Zucker verrühren.
Das Matcha-Pulver ins Eiweiß sieben, mit den restlichen 3 EL Zucker steif schlagen und die Masse unter den Ricotta heben.
Auf die Tarteform streichen und 40 Minuten backen.

Matcha-Pudding

Für 6 Personen

½ l Sojamilch
1 gehäufter EL Matcha in Kochqualität
70 g Kristallzucker
1 Pkg. Vanillezucker
5 Blätter Gelatine

Gelatine in kaltem Wasser einweichen.
Matcha, Kristallzucker und Vanillezucker gut verrühren, sodass keine Klümpchen bleiben.
Die Sojamilch erwärmen, bis sie lauwarm ist, dann die eingeweichte Gelatine darin unter Rühren auflösen.
Die Matcha-Zucker-Mischung mit einigen Esslöffeln Sojamilch gründlich verschlagen, dann mit der restlichen Sojamilch verrühren.
In kleine Förmchen, Gläser oder Tassen füllen und für einige Stunden kalt stellen.

Dazu passt etwa gewürfelte, leicht gezuckerte und marinierte Mango.

Matcha-Küchlein

Für 8–10 Stück

4 Eiweiß
190 g Butter
80 g geschälte und gemahlene Mandeln
40 g Mehl
150 g Staubzucker
2 gehäufte EL Matcha in Kochqualität

Das Backrohr auf 160 Grad vorheizen.
Die Butter zerlassen und abkühlen lassen.
Mandeln, Mehl, Zucker und Matcha vermischen, die Eiweiße (nicht geschlagen) dazugeben und alles glattrühren.
Die Butter unterrühren.
Muffin- oder besser Financierförmchen buttern und nicht ganz voll mit Teig füllen.
12 Minuten backen.

Matcha-Gnocchi

Für 4 Personen

500 g mehlige Kartoffeln
1 Ei, verschlagen
150 g Mehl
1 gute Prise Salz
2 TL Matcha in Kochqualität
40 g Butter

Kartoffeln ungeschält weichkochen lassen. Noch heiß durch eine Kartoffelpresse auf die bemehlte Arbeitsfläche drücken, eine Mulde hineindrücken. Matcha mit Salz so verrühren, dass keine Klümpchen bleiben, mit Ei und Mehl zu den Kartoffeln geben und verkneten. Salzwasser zum Kochen bringen.
Zu Rollen mit etwa 1,5 cm Durchmesser formen, diese in 1,5 cm lange Stücke schneiden.
Gnocchi etwa 2 Minuten kochen lassen (sie steigen auf, wenn sie gar sind). Mit zerlassener Butter servieren.

Matcha-Shortbread

200 g Mehl
50 g Reismehl (macht Shortbread erst körnig-knusprig!)
1 Prise Salz
80 g Feinkristallzucker sowie zusätzlich Zucker zum Bestreuen
175 g eiskalte Butter
2 gehäufte TL Matcha in Kochqualität

Das Backrohr auf 140 Grad vorheizen. Mehl, Reismehl, Salz, Zucker und Matcha vermischen.
Die kalte Butter dazureiben und möglichst rasch verkneten.
Den Teig etwa 1 cm hoch in eine Form oder auf ein Backblech drücken.
40 Minuten backen, noch warm in Streifen schneiden und mit Zucker bestreuen. Auskühlen lassen.

Kaltes Huhn in Matcha pochiert

Für 2 Personen

2 Hühnerfilets
Wasser zum Bedecken in einem passenden Topf
1 gehäufter TL Matcha
1 Msp. Salz
1 Lorbeerblatt
1 Spritzer Zitronensaft

Wasser mit Salz und Lorbeerblatt und Zitronensaft aufkochen lassen, Matcha gut unterrühren.
Hühnerfilets hineinlegen, zudecken und 15 Minuten sanft köcheln lassen.
Weitere 15 Minuten bei ausgeschaltetem Herd ziehen lassen.
Kalt aufschneiden, am besten mit etwas Matcha-Salz bestreuen und mit Mayonnaise servieren, in die man etwas Matcha gerührt hat.

Adressen und Bezugsquellen

TEE

Demmers Teehaus

Österreichisches Familienunternehmen mit über 30 Filialen weltweit, die meisten in Österreich, man ist aber auch in Finnland, Polen, Rumänien, der Slowakei, Ungarn und Japan vertreten. Im Teesalon in der Mölker Bastei 5, 1010 Wien, dem Stammhaus, serviert man auch Afternoon Tea.
Onlineshop und Filialen auf www.tee.at

Aiya

Mit Firmensitz in Nishio, Aichi, Japan, ist Aiya der weltweit führende Produzent von biologischem Matcha. Seit 2003 ist das traditionsreiche Unternehmen in Europa vertreten. In Deutschland liegt der Marktanteil von Aiya bei Matcha bei 90 %. Die Produkte von Aiya erhält man unter anderem bei Demmers Teehaus, Tee Gschwendner oder im Onlineshop: www.aiya-europe.com

BUBBLE TEA

tea-licious

Bubble-Tea-Marktführer in Österreich. Die Filiale im schicken Freihausviertel in Wien war eine der ersten in Europa, es folgten zahlreiche weitere, auch in den Bundesländern. Neben Bubble Tea to go bietet man auch Partykits für zuhause. Onlineshop und Filialen auf www.tea-licious.at

TEEKAPSELN

Cremesso

Der Schweizer Kaffeekapsel- und Kaffeemaschinenkonzern hat auch drei Teekapseln im Programm: Zur Auswahl stehen Früchtetee, Alpenkräutertee und Ceylontee. Die Teekapseln legt man einfach in eine Cremesso-Maschine, der Tee ist sofort fertig.
Filialen und Infos auf www.cremesso.at

ACCESSOIRES

Zahlreiche Produkte rund um Tee findet man bei Demmers Teehaus. Filialen auf www.tee.at
„Sortenreine" Teetassen für Darjeeling, Assam etc. gibt es von Könitz Porzellan, etwa bei Schönbichler, Wollzeile 4, 1010 Wien.
Grünteebecher to go, genannt Teamaker, plus nicht nachbitternde Tees zum Wiederaufgießen bekommt man etwa bei Shuyao in Düsseldorf. www.shuyao.de
Ähnliche japanische Teeflaschen gibt es auf www.midoritee.de

TANZTEE UND RENT-A-TEA-JAY

Das junge Hamburger Unternehmen Samova lässt sich allerhand rund um den Tee einfallen. Infos auf www.samova.net

TEECOCKTAILREZEPTE

Absolut Vodka, www.absolut.com, der Wodka selbst ist weltweit im Fachhandel erhältlich.

AFTERNOON TEA

In der ganz klassischen Version (und die lohnt es sich auszuprobieren) etwa hier:

Vier Jahreszeiten, Neuer Jungfernstieg 9–14, Hamburg
www.hvj.de

Hotel Adlon Kempinski, Unter den Linden 77, Berlin
www.hotel-adlon.de

Lanesborough, Hyde Park Corner, London
www.lanesborough.com

Brown's Hotel, Albemarle Street, London
www.brownshotel.com

Althoff St. James, Park Place, London
www.stjamesclubandhotel.co.uk

Den Fashionista's Prêt-à-Portea erfand man im The Berkeley, Wilton Place, London
www.the-berkeley.co.uk

Verlagsbüro W. GmbH
info@metroverlag.at

Printed in the EU
ISBN 978-3-99300-096-7